JN193541

軍艦島

韓国に傷つけられた世界遺産

松木 國俊

ハート出版

軍艦島　韓国に傷つけられた世界遺産

はじめに

平成三〇（二〇一八）年三月、取材のために韓国の地を踏んだ私は、そこで繰り広げられている常軌を逸した「反日教育」に驚愕しました。忠清南道天安の「独立紀念館」では、女性がトラックに積み込まれ、性奴隷にされる場面をジオラマで再現しており、日本兵が朝鮮人慰安婦姉妹を無慈悲に射殺するシーンを三次元立体映像で放映しています。釜山の「国立日帝強制動員歴史館」では、朝鮮人少女を慰安所で日本兵が強姦する「再現ビデオ」まで公開しています。これらを子供たちに見せて日本への恐怖と恨みを植えつけているのです。

ソウルのターミナル駅である龍山駅前の広場では、「過酷な強制労働」で骨と皮になった「徴用工」の像が哀れを誘い、日本大使館前でも、釜山の日本総領事館前でも「慰安婦像」が「日本」を睨みつけています。テレビのスイッチをひねると「謝罪を受けないまま、また一人元慰安婦のハルモニが逝った」というニュースが流れてきます。

なぜ韓国人はこれほどまで、日本糾弾に狂奔するのでしょう。

実は韓国の文化には「過去を水に流す」という観念がありません。恨みは代々世襲され、仇の子孫を同じ目に遭わせるまでは晴れないのです。

従って「日本は、世界史上、稀に見る残虐な方法で韓国を植民地支配した」と信じている韓国の人々は、日本を一度植民地支配し、日本人を虐待することで祖先の恨みを晴らさねばなりません。

しかしながら、今の時代ではそれは不可能でしょう。その代わり、反日プロパガンダを世界中で展開し、日本の国際的地位を引きずり落とし、日本人を貶める(おとし)ことによって「復讐」を達成しようとしているのではないでしょうか。少なくとも彼らの深層心理には、間違いなくそれがあるはずです。

韓国の反日プロパガンダが日本への「復讐」である以上、どれほど謝罪し補償したところで、終わることはありません。彼らの「恨み」は世襲され、日本民族が世界の人々の侮蔑の対象となり、屈辱の中で衰亡するのを見届けるまでそれは続くでしょう。

平成二九(二〇一七)年八月に韓国で封切られた映画『軍艦島』も、フィクションと言いながら、その狙いが日本糾弾にあることは明らかです。

映画の冒頭場面では、朝鮮半島から運ばれてきた「徴用工」や「慰安婦」を日本兵が窓のない貨車に詰め込みます。ユダヤ人ホロコーストと並ぶ残虐行為を、日本が朝鮮人に対して行ったという印象を最初から観客の頭に刷り込むのです。

この映画では幼い女の子が慰安婦として性病検査を受けさせられ、朝鮮人徴用工は言語に絶する虐待を受けます。慰安婦が日本兵によって無惨に虐殺されるシーンも描かれています。

日本の敗戦が決定的となると、会社側は、虐待の事実を隠蔽するために、朝鮮人全員を殺害しようとします。ラストは朝鮮人徴用工と慰安婦が銃を取って日本兵を打ち倒し、船で軍艦島から脱出します。そしてスクリーンに次のような字幕が現れるのです。

「二〇一五年軍艦島はユネスコ世界文化遺産に登録された。現在日本政府は二〇一七年一二月までに強制徴用を含む各施設の歴史的事実を明らかにしなければならないというユネスコ勧告を履行していない」

龍山駅前の徴用工像

つまり、この映画の内容は事実であり、現在に繋がるものであることを観客に明示しているわけです。

この映画は韓国内のみならずアメリカやカナダで既に上映されており、東南アジアでも上映されるそうです。日本人の残虐性を世界中にアピールして、その名誉を永遠に貶めることを狙っているのでしょう。うかうかしていれば日本は「ホロコーストを犯した野蛮国」にされてしまいます。早急にできる限りの手を打たねばなりません。

長崎では軍艦島（実際の名称は「端島（はしま）」）で当時を生きた人たちが、この映画があまりにも歴史を歪曲しており、元端島島民のみならず日本人全体の名誉を著しく棄損していることに憤慨し、「真実の歴史を追求する端島島民の会」を結成して、端島の本当の姿を世界の人々に知ってもらうための活動を始めました。

本書では、そのような人々の証言や一時資料を基に、映画『軍艦島』の各シーン及びこの映画を作るにあたって製作者が参考にしたと見られる書籍類を検証し、そこにある歴史の捏造を一つ一つ明らかにしてまいります。

韓国側は「事実に基づいて作った」をうたい文句に、この映画を世界に配信していますから、それが全くの「デタラメ」であることが露呈すれば、「慰安婦強制連行」を含む韓国の「対日糾弾」全体に、世界の人々が疑問符をつけるでしょう。傷つけられてきた日本人の名誉を回復する道も、そこから開けるのではないでしょうか。

また本書の後半部分では、韓国で反日感情がここまで高まった過程を分析すると共に、「強制連行」そのものが歴史を捏造・歪曲した「まぼろし」であることを明確にしました。

軍艦島での「残虐行為」も「強制連行」も、捏造された「嘘」であることが分かれば、韓国の人々の心に巣くっている日本への「復讐心」も次第に消えてゆくでしょう。日韓の間に本当の信頼関係を築くことも可能となるはずです。そのために本書が少しでもお役に立てれば、これほど幸いなことはありません。

なお、本書で使用している「朝鮮人」という言葉は「朝鮮半島出身者」という意味であり、侮蔑の意味は全くないことを最初にお断りしておきたいと思います。

松木國俊

平成三〇年八月一四日

目次

第一部　ねじ曲げられた「軍艦島」の歴史

平成二七（二〇一五）年七月、長崎港の南西に位置する「軍艦島」の炭鉱関連施設が世界文化遺産に登録されました。「軍艦島」の海底炭鉱は明治初期から世界でも稀な良質の石炭を産出し、日本の産業近代化に大きく貢献しています。昭和四九（一九七四）年に閉山しましたが、同島の施設はそのまま昔の形を留めており、先人の努力の跡が一目でわかる日本人にとって誇るべき遺産と言えるでしょう。

ところがこの施設が世界文化遺産に登録される際には、韓国が過去を持ち出して大反対し、あらゆる手段を使って妨害しました。

第一部では、彼らがどれだけ「軍艦島」の歴史を捻じ曲げているか、まずその実態についてお伝えします。

第一章　「軍艦島」の世界文化遺産登録

日本のマンハッタンだった「軍艦島」

軍艦島の本来の名前は「端島」です。住所は長崎市高島町字端島（旧長崎県西彼杵郡高島町字端島）で、長崎港から一八・五キロメートルの海上に浮かんでおり、その形が軍艦「土佐」に似ていることから「軍艦島」と呼ばれるようになりました。

端島では、文化七（一八一〇）年に石炭が発見され、明治三（一八七〇）年より採掘が開始されました。明治二三（一八九〇）年には三菱が鍋島孫六郎より買収し、その後八〇年に亘って大量の石炭を産出しています。

端島はもともと南北約三二〇メートル、東西約一二〇メートルの岩礁でしたが、炭坑から出てくるボタなどで海岸を埋め立て、最終的には南北約四八〇メートル、東西約一六〇メートルにまで拡大しました。

人口も急激に増えて明治末期には既に二〇〇〇人を超えており、人口増に対応するために、

現在の軍艦島（端島）

我が国初の鉄筋コンクリート造りの高層アパートの建設が大正四（一九一五）年から始まりました。

　翌大正五（一九一六）年に七階建ての三〇号棟が完成し、大正七（一九一八）年には一六号棟から二〇号棟まで、九階建てが四棟、六階建てが一棟竣工しています。

　狭い土地に多くの人が居住するためには建物を高くするしかなかったのですが、当時は東京の銀座を凌いで「日本のマンハッタン」のような壮観を呈していたそうです。

　その後も住居施設は拡張され、端島の人口は戦後の最盛期には五三〇〇人に達しています。商業施設も充実していて、ほとんど全ての日用品や食品を島内で手に入れることが可能でした。食堂や映画館、麻雀荘などの娯楽施設もあり、火葬場と墓地を除けば、生活に必要なものはこの島に全て揃っていたのです。また、その生活レベルは確実に本土を上回っていました。

登録を妨害した韓国

端島は昭和四九（一九七四）年に閉山を迎え、無人島となりましたが、炭鉱関係ばかりでなく全ての生活施設がそのまま当時の姿をそこにとどめており、このような形で現存する炭鉱遺産は世界的にも極めて稀なものでした。

このため、端島を世界文化遺産に登録しようという運動が自然発生的に起こり、平成一五（二〇〇三）年八月には「軍艦島を世界遺産にする会」が特定非営利法人（ＮＰＯ）の認証を受けました。

その後、同会や地元の努力もあり、端島の施設は世界文化遺産候補として正式に取り上げられることになりました。

ところが、この「軍艦島」の世界文化遺産登録には、韓国が当初より反対し、執拗に妨害してきたのです。後述しますように、韓国では日本統治下の歴史が戦後になって全て塗り替えられ、人々は「日本は朝鮮を世界でも類を見ない残虐なやりかたで植民地支配した」という認識を植えつけられています。端島で働いていた朝鮮人労働者も、全て日本の官憲に無理やり「強制連行」され「地獄の炭鉱」に送り込まれた犠牲者であると信じており、日本が提出した、軍艦島を含む「明治日本の産業革命遺産」（以下「産業革命遺産」）は世界文化遺産に登録されるべきではないと反発したのです。

韓国の市民団体は、世界文化遺産登録を阻止するために、「軍艦島」とは全く関係のない資料を作成してユネスコの選定委員に配布し、組織的な妨害工作を行いました。

その中の一つに、「朝鮮人労働者が『軍艦島』で虐待された証拠写真」なるものがあります。専門家が調べたところ、これは大正一五（一九二六）年九月九日付「旭川新聞」に掲載された写真であることが判明しました。この写真記事は北海道の道路工事現場で働く日本人労働者が、一滴の水も与えられずに酷使された事件を報じたものであり、場所も時代も異なり、朝鮮半島出身者とは全く関係のない写真でした。

韓国外務省も「産業革命遺産」の登録を阻止するために「真相究明委員会」なるものを組織してプロパガンダ用の冊子をいくつも発行し、「多くの女性がだまされ、誘拐された」など、世界文化遺産と無関係の慰安婦問題までからめて日本批判を展開しました。

驚くべきことに冊子の中には、山口、萩の松下村塾を批判し、「長州藩士の吉田松陰が朝鮮半島へ向かって日本の帝国主義を主導した」と断じているものもあります。さらにCMまで作ってバスなどの公共交通機関でこれを流し、登録反対のキャンペーンを繰り広げました。このように韓国側はありとあらゆる手段で妨害したのです。

しかし日本側は辛抱強く韓国を説得し、それぞれが登録を目指している案件を互いに応援することで一端は話し合いがつきました。そして約束通り日本は韓国の「百済地区」の登録を最大限応援しました。

ところがこれが無事登録されると、韓国側は手のひらを返したのです。「朝鮮半島出身者が非人道的な環境で強制労働をさせられたことが明らかになっていない」と難癖をつけ、土壇場になって日本の「産業革命遺産」の登録に再び反対しました。こうして「強制性」の表記をめぐり、世界文化遺産委員会の各国委員を巻き込んで、最後までもつれにもつれました。

禍根を残した外務省の対応

本書で明らかにしますように、強制連行も朝鮮人徴用工虐待も事実ではありません。しかし日本外務省は「韓国の意向も考慮しなければ」と韓国に気兼ねし、彼らの主張を唯々諾々と受け入れて、登録時に「forced to work」（強制して働かせた）という言葉を世界文化遺産委員会で表明してしまったのです。これはどう見ても「徴用工の強制連行」を認めたとしか解釈できません。さらに端島で働いた徴用工の実態を明らかにするために情報センターを設置することまで確約してしまいました。

当時の岸田外務大臣は「国民徴用令に基づく徴用が行われたことを意味したものであり、『強制連行』の意味ではない」と弁解しましたが、それが国際社会で通用するはずがありません。韓国側は「日本が国連の場で強制徴用を認めた」と当然のごとく世界に喧伝しており、日本の立場は悪くなる一方です。

日本外務省担当官の事なかれ主義には呆れるばかりですが、祖国の名誉を守る気概と使命感が少しでもあるのなら、せめてこれから作る情報センターで、はっきりと「強制連行はなかった」ということを明らかにすべきでしょう。

軍艦島は有色人種全体の遺産

端島の施設や建物は平成二七（二〇一五）年七月に「産業革命遺産」の構成資産の一つとして、ユネスコの世界文化遺産に登録されました。多くの関係者の一六年に亘る努力が実ったものです。

この「産業革命遺産」は、北は岩手から南は鹿児島まで八県、一一市にまたがる二三の遺産で構成されており、シリアルノミネーション（注1）という手法で登録されました。これら一連の産業遺産群は、幕末から明治期にかけて、わずか半世紀の間に日本が製鉄、製鋼、造船などの重工業分野や、それを支える鉱業分野において急速に発展した過程を時系列的に物語ってい

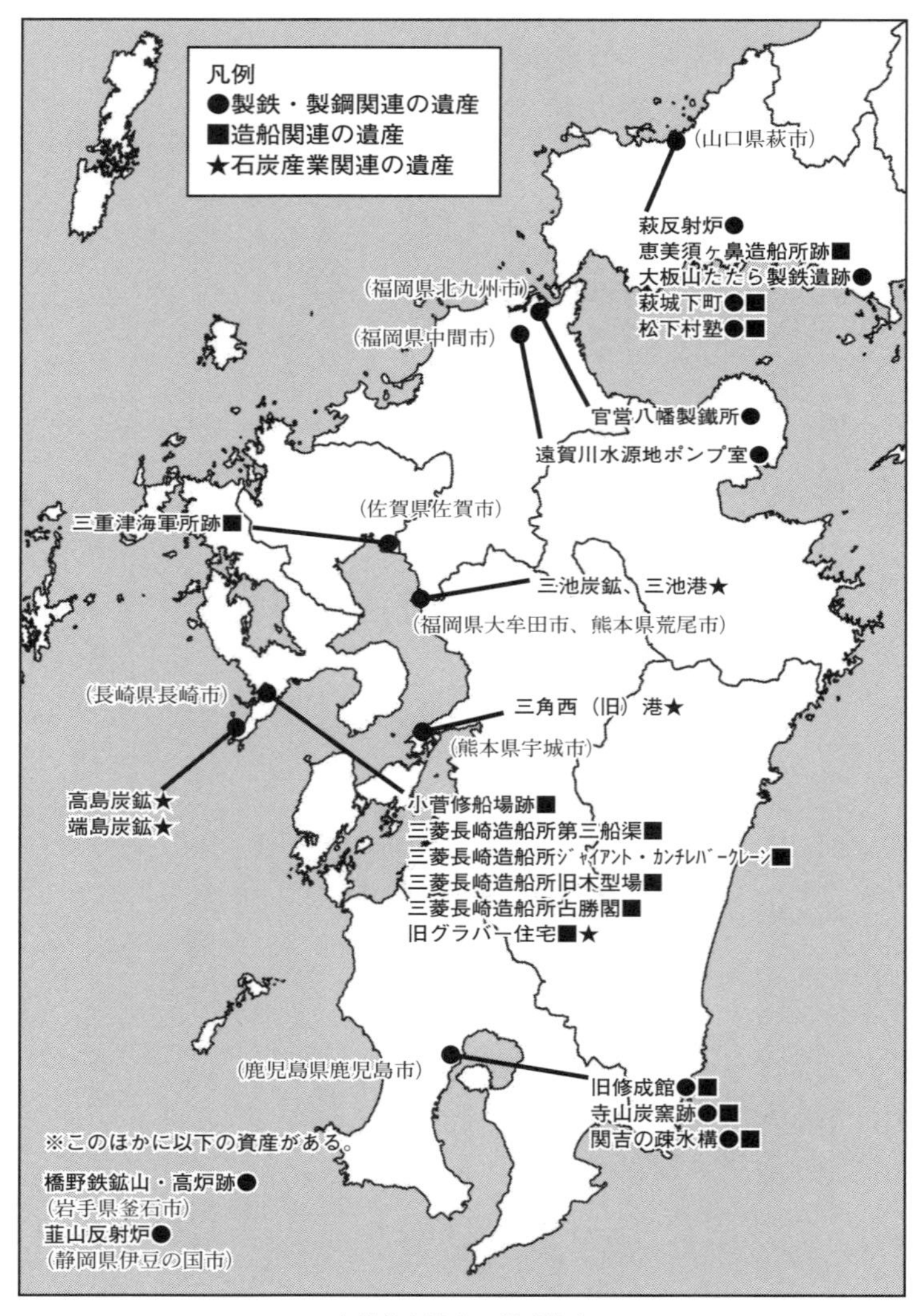

産業革命遺産の構成資産

ます。

明治以降の日本の産業革命を推進する上で、石炭は最も重要なエネルギー源として用いられました。特に端島炭鉱で掘り出される石炭は、瀝青炭の中で一番火力が強い強粘結炭であり、世界でも例が少ない高流動性原料炭でした。日本製鉄（現・新日鉄住金）八幡製鉄所が発展できたのも、端島の石炭のお蔭であると言われています。

採掘や運搬には常に最先端の機械設備が導入され、明治初期から昭和四九（一九七四）年の閉山までに約一五七〇万トンの石炭を産出し、日本の産業近代化に計り知れないほど大きな貢献をしました。

端島炭鉱を含む「産業革命遺産」を世界史的視野で見れば、有色人種が白人の植民地支配に抵抗し、今日の人種平等の世界を築き上げるための「原動力」という大きな役割を果たしており、その意味では有色人種全体の誇るべき遺産と言っても過言ではないでしょう。

（注1）シリアルノミネーションとは、一つ一つの遺産には世界遺産としての価値はないものの、複数の遺産が一緒になれば世界的価値がある遺産群のこと。

第二章　映画『軍艦島』の歴史歪曲

証拠がないから映画を作る

「産業革命遺産」はこうして紆余曲折を経ながらも、関係者の努力で世界文化遺産に登録されました。しかしそれで簡単に引き下がる韓国ではありません。

韓国政府は徴用工の強制労働や非人道的な扱いに関する非を認めるよう、日本外務省に再三要求すると共に、端島を管轄する長崎市長に対して平成二八（二〇一六）年四月二七日に朴鎮雄（パクジンウン）総領事が「日本政府は世界文化遺産登録決定の際に強制労働を知らしめるために、情報センターを設置すると約束したが、目に見えてこない」と政府への働きかけを要求しています。

しかし日本政府の調査でも「強制連行」の証拠はなく、日本としては「非」を認める情報センターなど簡単に作るわけにはいきません。当然です。ところが、業を煮やした韓国側はあろうことかとんでもない行動にでました。「証拠がなければ映画を作って世界に訴えてやる」とばかりに、『軍艦島』という史実をねじ曲げた恐ろしい映画を作ったのです。

この映画は約二二〇億ウォン（約二二億円）をかけて製作され、主人公には韓国で人気ナンバーワンの宋仲基（ソンジュンギ）が起用されており、封切り後二週間で実に観客動員数六〇〇万人を達成しました。公開初日は二一六八スクリーンで上映され、韓国内の全スクリーン数二五七五の八五％以上を占めるという、前代未聞の記録を打ちたてています。

ではこの映画の中でどのようなことが描かれているかを詳細に見てまいりましょう。

ホロコーストを彷彿させる冒頭

まず、徴用工と慰安婦が、日本の官憲の監視のもとに関釜連絡船の船底に詰め込まれて日本に運ばれます。下関に着くと日本軍兵士が、彼らを窓のない貨車に詰め込みます。さらに船に乗り換えて「軍艦島」に到着すると、またまた日本軍兵士が乗りこんできて棍棒で叩きながら彼らを引っ立てます。上陸後には直ちに身体検査があり、私物は没収されてしまいます。

建物に入ると、「（徴用工たちの）住居費や食事代、その他業務に関わる経費は全て給料から差し引く、それでも足りなければ翌月の給料から差し引く」という非情なアナウンスが流れます。ナチスドイツのユダヤ人虐殺記録映画とそっくりな描写であり、観客は「軍艦島行き」にホロコーストと同列の残虐性があることを、最初から印象づけられるのです。

幼い女の子を慰安婦に

この映画では朝鮮人のジャズ楽団がグループごと徴用され、その中に朝鮮人父娘（おやこ）がいます。父親は楽団のリーダーという設定で、韓国で最も人気のある俳優の一人である黄正民（ファンジョンミン）が扮しており、小学生の娘役は人気子役の金スアンが担っています。

「軍艦島」に到着するやいなや、その娘は日本軍兵士によって父親から引き離され、慰安婦になるための検査を受けさせられます。泣き叫びながら兵士に担がれて行くシーンは「壮絶」以外の何物でもありません。「親子の情」は韓国で最も琴線に触れるテーマであり、この場面だけでも日本人に対する嫌悪や憎悪を、見た者の心深く刻みつけるのに十分でしょう。

虐待される朝鮮人徴用工

映画の中の朝鮮人徴用工はゴキブリの混じる粗末な食事しか与えられず、その住居は畳を踏めば汚水が染み出るほど劣悪です。

坑内では朝鮮人徴用工がさんざん差別され、奴隷のように扱われます。狭く危険な坑道にふんどし一つの姿でもぐりこみ、ツルハシで採鉱するのです。少しでも手を休めれば棍棒で殴られます。水が噴出して逃げるとまた棍棒でぶたれ、事故死する場面もあります。朝鮮人の持ち場でガス爆発が起これば、会社側は他坑に飛び火しないよう朝鮮人坑夫を中に残したまま塞いでしまうよう命令します。

あまりの虐待にたまりかねて逃亡しようとすれば、監視塔から銃撃されて殺されます。なんとか海に飛び込んでも、船が追いかけてきて魚をとるための「投げ網」で捕獲されてしまいます。映画の中の端島は地獄そのものなのです。

針の山で虐殺される慰安婦

むごたらしい描写がこの映画のいたるところにありますが、その際たるものが、針の山を転がして慰安婦を虐殺する場面です。端島の慰安所で働く朝鮮人慰安婦が、客の朝鮮人の男に「日本軍へのサービスを拒んだらその日のうちに虐殺された」と昔話を語り、その回想シーンでは、二人の日本兵が朝鮮人慰安婦の手足を掴んで、五寸釘が逆さに突き出た戸板の上を転がし、慰安婦は悲鳴をあげ血まみれになって絶命するのです。

この場面は、国連人権委員会から「女性に対する暴力に関する特別報告者」に任命されたクマラスワミが、同委員会へ提出した報告書（以下「クマラスワミ報告書」）の中にある、事実とかけ離れたとんでもない記述を再現したものに違いありません（クマラスワミ報告書の詳細は二〇五ページをご参照ください）。

会社が朝鮮人全員虐殺を企図・銃撃戦で脱出

広島に原爆が投下され、日本の敗戦が決定的になると、端島炭鉱の日本人所長は朝鮮人虐待で「戦犯」となるのを恐れて、証拠隠滅のために端島の朝鮮人全員を殺害する計画を立て、手なずけていた朝鮮人のリーダーにその話を持ちかけます。朝鮮人のリーダーは実は「裏切り者」で日本人所長と手を組んで朝鮮人徴用工たちの給料をピンハネしていたという設定になっています。二人の話を盗み聞いたのが、徴用工に紛れ込んでいた宋仲基扮する大韓民国光復軍（九九ページ参照）の工作員で、彼は裏切り者の朝鮮人リーダーと対決してこれを「処刑」し、朝鮮人徴用工を指揮して日本軍から銃を奪います。朝鮮人慰安婦までが銃を取って日本軍と激しい銃撃戦を繰り広げ、ついに日本人所長は全身火だるまとなり、宋仲基が刀でその首をはねて「これで終わった」と宣言します。

朝鮮人たちは全員船に乗って脱出に成功し、沖にでたところで、長崎に原爆が投下されます。巨大なきのこ雲を見上げながら、「あそこにも朝鮮人がいるのに……」と誰かがつぶやきます。

その瞬間に何万人もの日本人が死んだことへの同情は全くありません。むしろ原爆投下で日本は「天罰を受けた」という満足感でフィナーレを迎えるのです。

史実として世界に拡散

この映画の柳昇完（ユスンワン）監督は、韓国ＭＢＣテレビの番組で「取材した人々がいる。数多くの証言を通じ、本当に事実だと言うしかない資料がある」「地下一千メートルの炭鉱で作業をし、人権蹂躙された生活を送るなどの内容は、歴史的事実を基にしている」などと語り、映画のセットなどについては「徹底的に時代考証に基づいている」とも述べています。実際、この映画の冒頭には「本映像は『対日抗争期強制動員被害者調査および強制動員被害者等支援委員会』資料と当時の実際の記事とインタビューなどを参考にしたあと、製作しました」という字幕が出てきます。

配給会社である韓国のＣＪエンターテインメントは、この映画のプロモーションをアメリカ・タイムズスクエアの巨大電光掲示板を使い、一週間に亘って「史実を忠実に再現した映画」として全世界にアピールしました。

同社は二〇一七年七月二八日にはユネスコ本部のあるパリでも上映会を開いています。聯合ニュースによると、韓国政府からはユネスコ大使、経済協力開発機構（ＯＥＣＤ）大使ら三〇名が参加し、世界文化遺産委員会の委員国であるトルコやクウェートの大使も鑑賞したそうです。同社の関係者はこの上映会について「軍艦島での朝鮮人の強制徴用などを記憶するための処置を求めたユネスコの勧告を日本が履行していないことについて、国際社会の関心を促したかった」と説明しています。

さらにこの映画は二〇一七年八月からは、アメリカとカナダの四〇カ所あまりで上映が始まっており、マレーシアやシンガポールなどの東南アジア諸国でも上映が予定されています。今や日本人を「鬼畜」扱いする映画が、韓国によって事実として世界中に拡散されようとしているのです。

第三章　『軍艦島は地獄島』子供向け本

『軍艦島――恥ずかしい世界文化遺産』

大人向けの映画だけではありません。韓国では絵本などを使って、小さな子供たちにまで「軍艦島」を地獄だったと教えています。その一つは、二〇一六年に韓国で発行された児童用絵本『軍艦島――恥ずかしい世界文化遺産』尹ムニョン作（ウリ教育）です。

『軍艦島――恥ずかしい世界文化遺産』書影

この本には「戦争を引き起こした狂気の沙汰であった日本は、朝鮮半島から幼い少年たちまで強制的に日本に連行したのです。（中略）目的地も告げられずセドリ（主人公の一二歳の少年の名）が連れて行かれた場所は、まさに地獄の『軍艦島』でした。（中略）幼い少年たちは地下一千メートルまで下りて、日本が戦争の資源として使う石炭を掘らなければならなかったのです。四五度の暑さの中に詰め込まれ、小さな握り飯一個を投げ与えられ、毎日一二時間働かされました」（カッコ内は筆者）とあり、少年たちが鉄格子の檻に無惨に収容されている挿絵もあります。よく見ると鉄格子の檻の外壁にはハングルで「お母さん、会いたいよー」「お腹がすいたよ」「ふるさとに帰りたいよー」という落書きが書いてあります。

奴隷どころかイヌ同様に扱われたセドリたちは、「どっちみち生きては出られない。波にのまれて死んだ方がましだ」と覚悟を決めて仲間と脱走を試みます。しかし結局捕まってしまい、日本兵によって残酷な拷問を受けることになります。死体となった少年の一人は布にまかれて放り出されます。ここでは「日本の監視兵のムチに打たれ、血が噴き出し、肉が千切れ出ました」「夜通し続いた数々の拷問に心身共にボロボロでした」という表現があり、鞭打たれる場面や何人もが逆さ吊りにされた絵まであります。

そして最後にセドリはガス爆発事故で悲惨な死を遂げます。生き残った少年たちの末路も憐れです。彼らは長崎に原爆が落ちた後に、長崎市内の清掃をやらされ、全身に放射能を浴びて徐々に死に絶えるのです。

この本の最後には次のような子供向けの解説がついています。

一、日本は「金をたくさん稼げる機会だ」と韓国の若者を騙して連れていった。それも強制だった。

一、脱出を図ったものは波にさらわれるか、発見されれば銃殺となった。（傍線筆者）

一、今では強制労役犠牲者の身元すらわからなくなった。このような日本の態度を知りながら黙っているわけにはいかないだろう。

ここに書かれていることがいかに捏造であるかは、本書で明らかにいたします。しかしこの絵本が、どれだけ韓国の幼い子供たちに日本への恐怖と恨みを植えつけているか計り知れません。恐らく一生トラウマとして彼らの心に残るでしょう。

『地獄の島　軍艦島』

さらに『地獄の島　軍艦島』金ヨンスク著（プルビット社）という小学校低学年向けの童話が出版され、順調に販売数を伸ばしています。この本の著者は、かつて端島で働いた人に対して行ったインタビューに基づいて書いたと述べており、本文は次のような書き出しで始まっています。

『地獄の島　軍艦島』書影

一九〇〇年から日本は朝鮮に狙いをつけ、一九一〇年に強制的に結んだ韓日併合条約で朝鮮を奪い去った。始めは何が何だかわからなかった。手当たり次第に朝鮮の物を略奪した。米、衣類、石炭、貴金属、木、そして人までも……皆半病人となるか死ぬことでしか帰れなかった。なんと残酷なことだ。

この物語の主人公の名前はグンテ。一九四二年四月、彼の父がグンテにこう語ります。
「日本の奴らはトラックでやってきて道行く人を拉致して引っ張っていった。お前も用心しろ」
グンテはこれを聞いてゾッとします。「自分のような幼い男の子まで徴用されるなんて」と涙を流します。

一九四三年一〇月、グンテの父に「令状」が届き、端島へ「連行」されます。父からは一銭の送金もありません。さらに一九四四年四月にはグンテとその母に「令状」がきて、祖母一人を残したまま強制的に端島へ連れて行かれます。そこで再会した父は、真っ黒に汚れ、骨と皮だけになっていて、最初は誰だか分かりませんでした。

彼らに与えられた住まいは、一番低い階で海水が降りこむじめじめした部屋で、窓には鉄格子があり、周りには監視塔があります。母は食堂の仕事や監督たちの衣類洗濯、公衆浴場の掃除などでこき使われ、グンテのような年端もゆかない子供たちも炭坑内で働かされます。
ツルハシやシャベル、安全帽や作業服も全て有料支給です。作業服といってもふんどし一つしかありません。朝鮮人抗夫たちが坑道の一番先端部の狭い場所で、横になってツルハシで石炭を掘り出し、グンテはこれを集めて運搬車に乗せる仕事をします。灼熱の劣悪な環境で、握り飯二個で一二時間以上働き、しかもノルマを果たすまで地上に出ることは許されません。少しでも休めば、監督が棍棒やツルハシの柄で打ちすえます。グンテもひどく殴られます。隣の坑道では、監督の暴力で重傷を負った朝鮮人が、手当もされず放っておかれ死亡します。死亡しても補償金が出るどころか、会社は葬儀代まで請求します。

グンテは「端島にくれば家もあり、お金も払い、子供は学校に行かせる」と騙した人間を心から呪います。

この物語の最後は、グンテが一人長崎の造船所に移され、そこで脱走します。やがて原爆が落ち、日本が降伏した後に母と再会しますが、父は既に坑内で死亡し、母は重い肺病になっていました。

この本の裏表紙には韓国・誠信女子大の徐敬徳(ソギョンドク)教授による「この本は我が国の子供たちが、歴史の真実を知るための良い道案内人となるだろう」という書評があります。韓国の子供たちはこの本の内容を真実として記憶し、日本人に恨みを抱く「立派な韓国人」に成長するのです。

第四章 「軍艦島」で反日を煽る韓国マスコミ

ＥＢＳの偽写真

日本の「Ｅテレ」にあたる公共系教育テレビのＥＢＳは、二〇一四年一二月に放映した歴史のミニ番組で「戦時下の朝鮮人強制連行」を取り上げました。ところがそこで「酷使される朝鮮人の姿」として使われた写真は、日本の専門家が調査した結果、明治中期に別の炭鉱で撮影されたものだったのです（注１）。

この写真は、ＣＪエンターテインメントがニューヨークのタイムズスクエアにある世界最大の電光掲示板で映画『軍艦島』のプロモーションを行った際にも使われています。また現在もソウル市内のＫＴＸ（韓国高速鉄道）発着駅である龍山駅前の広場に建てられた碑（次ページ参照）にこのレリーフが刻まれています。

MBCの「軍艦島」特集

二〇一七年二月八日に、韓国MBCテレビは『イブニングニュース』で「軍艦島」の特集をしました。そこでは「軍艦島」をこのように説明しています。

「地下一〇〇〇メートルを超える坑内は、四五度を超える蒸し風呂のようだった」
「炭鉱の中は体を伸ばすことができないほど狭く、有毒ガスが頻繁に噴出していた」

龍山駅前広場の碑には明治時代に別の炭鉱で撮った写真を「酷使される朝鮮人徴用工」として刻んである（筆者撮影）

そして『軍艦島——恥ずかしい世界文化遺産』にも登場した「お腹がすいた」「ふるさとに帰りたい」「おかあさんに会いたい」という壁文字が内部の壁から発見されたとも解説しています。

ところがこの番組で「朝鮮人虐待の場面」として使われた数々の写真は、「軍艦島」とは実は何の関係もないものでした。

九州大学の三輪宗弘教授によれば、MBCが「端島で人々が働く姿」として放映したものは、「貝塚炭鉱（福岡県）の露天掘りの様子を写したもの」であり、同じく狭い場所を男性が横になって掘っている写真は、明治中期の筑豊炭鉱の様子を写したものだそうです。炭鉱労働に詳しい、日大名誉教授の田中直樹氏も「機械化が進んだ端島にあんな手掘りは荒唐無稽としか言いようがない」と指摘しています(注2)。

さらに同番組で「鞭打ちは我々の体に蛇のような傷跡を残し」というナレーションのバックに使われた写真は、前述の韓国市民団体がユネスコに提出した写真と同じ、大正一五(一九二六)年に旭川新聞が「道路建設現場での虐待致死事件」を撮影したものでした(注3)。

これらの事実を産経新聞が「質問状」という形でMBCに突きつけたところ、端島とは異なる場所で撮った写真であることは認めたそうです。しかし「たとえ場所は違っていても、朝鮮人たちが強制連行され被害を受けたという脈絡で見れば、歴史の一断面を見せてくれる貴重な資料だ」とMBC側は強弁しており、そこには何の反省もありません(注4)。

事実を確かめもせずに、間違った写真を根拠に自分たちにとって都合の良い主張ばかりを繰り返す韓国のテレビ放送が、いたずらに韓国人の反日感情を煽り立てているのは間違いないでしょう。

聯合ニュースのインタビュー記事

韓国の通信社も負けずに軍艦島関連のニュースをどんどん発信しています。二〇一七年七月二七日付聯合ニュースは、映画『軍艦島』の公開にあたって、徴用によって端島で働いたという元朝鮮人坑夫にインタビューを行い、その結果を次のように伝えています。

一九四三年に徴用されたチェさんは「海に囲まれた端島で三年間『監獄生活』を送った。下着だけで作業した」と語った。三菱が運営した端島炭鉱の労働者の大半は強制連行された朝鮮人または中国人だった。公式の記録によると一九三九年〜一九四五年に約八〇〇人の朝鮮人が軍艦島に連行され、一三四人が亡くなった。

端島で働かされた朝鮮人の大部分は坑道の奥深くで石炭を採掘したか、採掘跡が崩れないように埋める作業をした。（中略）軍艦島は四方が海に囲まれているため「監獄島」または「地獄島」とも呼ばれた。脱出を試みる人もいたが、陸地にたどり着く前に溺死するか、捕まったという。

イさんは「端島の隣に小さな島があったが、そこは火葬場と呼ばれた。作業中に、または脱出しようとして死んだ人たちを火葬した」と証言した。

さらにイさんは「端島に八カ月ほどいた後、二〇歳になって日本軍に徴集された。（端島での強制労働が）どれほど過酷だったことか。軍に行くのに『助かった』と思ったほどだった」と語った。
日本側は世界文化遺産委員会で「forced to work」と言及し強制連行があったことを認め二〇一七年一二月までに強制徴用の事実を説明する案内板を設置すると約束した。(中略)期限が五カ月後に迫っているが約束履行の計画は発表されていない。

そして聯合ニュースはこの記事を「日帝強制動員被害者支援財団」の金ヨンボン理事長の次のようなコメントで締めくくっています。

日本は一九六五年の韓日請求権協定により支給した三億ドルで被害者に補償したとの立場だが、当時、そのお金はポスコ(注5)や韓国道路公社のような公営企業に支援されほとんどの被害者と遺族は受け取ることができなかった。(中略)請求権で恩恵を受けた企業が今からでも強制徴用被害者と遺族のために支援に乗り出すべきだ。(後略)

後述しますように、日韓の補償問題は日韓請求権並びに経済協力協定によって最終決着しています。聯合ニュースは、証言者の話をそのまま真実として伝えるばかりでなく、日本政府や企業が責任を果たしていないかのような印象操作を行い、国と国との正式な取り決めを破棄させる方向へ世論をミスリードしているようです。

（注1）『SAPIO』（小学館）平成三〇年三・四月号

（注2）（注4）平成二九年四月一二日付産経新聞朝刊より

（注3）『正論』平成二九年六月号「今度は日本に『強制徴用』の像が……」杉田水脈より

（注5）ポスコ：旧浦項総合製鉄所。日本の資金援助で一九七三年に設立され、新日鉄（現新日鉄住金）の全面的技術援助によって急速に発展し、世界有数の製鉄メーカーに成長した。

第五章　日本発の「軍艦島は地獄」情報

『軍艦島に耳を澄ませば』

実は「軍艦島」は地獄島であったという情報の大部分は、もともと日本から発信されているのです。

『軍艦島に耳を澄ませば――端島に強制連行された朝鮮人・中国人の記録』（以下『軍艦島に耳を澄ませば』）という一冊の本があります。「長崎在日朝鮮人の人権を守る会」が平成二三（二〇一一）年に発行したものです。端島に強制連行されたとされる朝鮮人労務者の証言や、炭鉱閉鎖後に端島から見つけだして持ち帰った「火葬埋葬認許証」などを独自に分析した結果が書かれており、まえがきには次のような記述があります。

私たちは「軍艦島」の世界遺産化に反対するものではないが、戦時中の暴虐の歴史を隠蔽してその実現を図ろうとする風潮を容認することはできない。〈近代化産業遺産〉

というとき、日本の近代化が侵略と表裏一体であったことを忘れてはならない。端島はその近代日本の縮図と言っても過言ではない島である。また〈世界遺産〉とは、アウシュビッツがそうであるように、歴史の暗部をも教訓として普遍的な価値とするものであり正しい歴史認識を踏まえないかぎり、〈世界遺産〉への登録はありえないことである。

このようにこの本は「軍艦島」をアウシュビッツと同列に見なしており、「病身になって出たり、死体になって出たりするところだった」「一番坑道の行きあたりが朝鮮人の労働現場、ここでふんどし一枚だけ身に着けて、腹ばいになったり、横になったりして石炭を掘らなければならなかった」など、かつて韓国メディアが取り上げた「証言」なるものも、そのまま事実であるかのように記載しています。日本人自ら日本の過去を徹底糾弾しているのですから、韓国側にとっては何よりの証拠ということになります。映画『軍艦島』や子供向け絵本のベースにもこの本があることは間違いないでしょう。

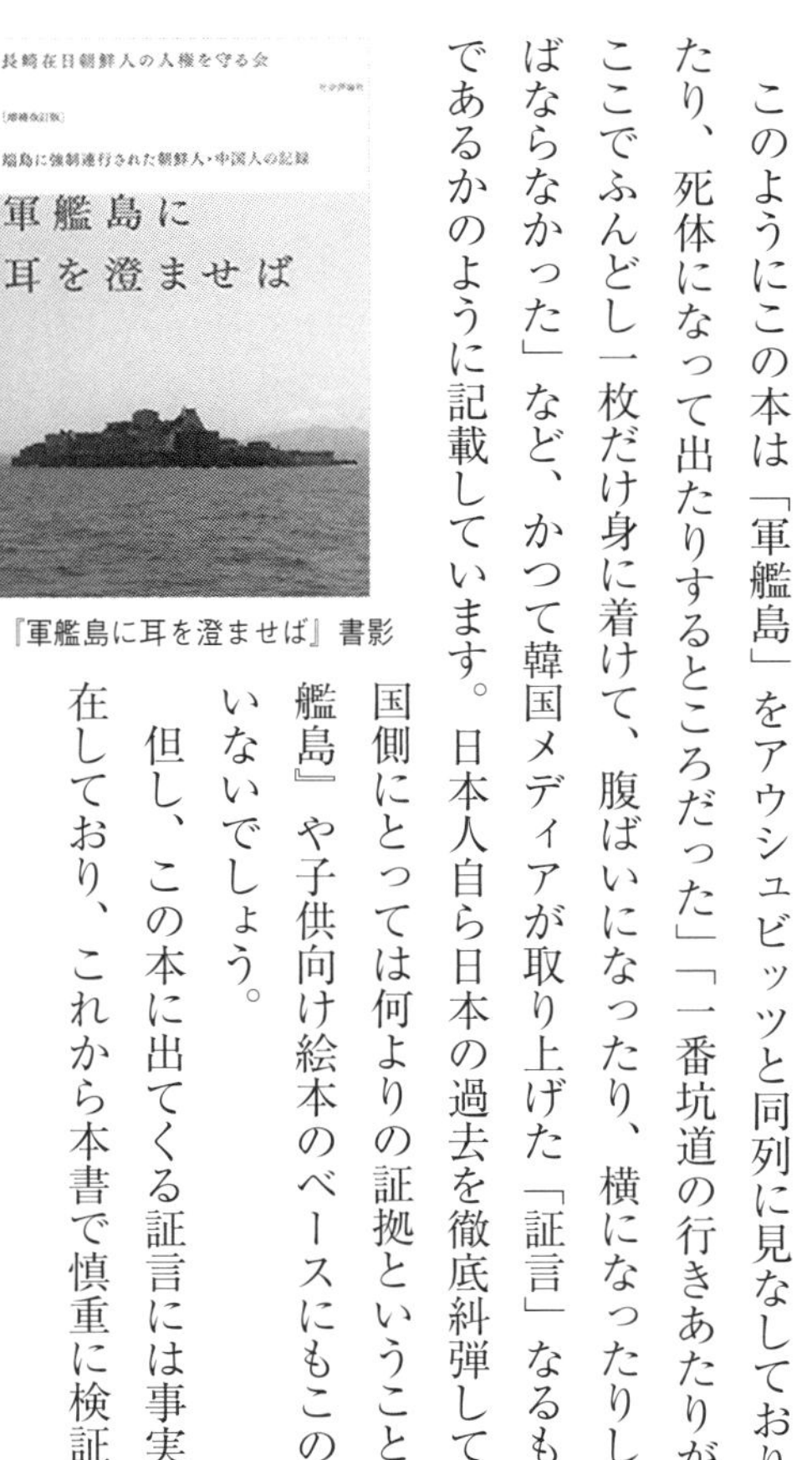

『軍艦島に耳を澄ませば』書影

但し、この本に出てくる証言には事実を踏まえたものも混在しており、これから本書で慎重に検証してまいります。

『〈写真記録〉筑豊・軍艦島　朝鮮人強制連行、その後』

もう一つ『〈写真記録〉筑豊・軍艦島　朝鮮人強制連行、その後』林えいだい著（弦書房）（以下『筑豊・軍艦島』）があります。

この本は冒頭で「これまでどれだけの日本人が、強制連行された朝鮮人の家族の苦難を考えたであろうか。人間として許せない強制連行問題は、日本帝国主義の植民地政策の延長上にあることを、しかと心に銘記すべきである」と述べており、取り上げている「証言」の中には次のようなものがあります。

『筑豊・軍艦島』書影

「（埋葬について）仲間が事故死して火葬が終わると監視についてきた労務係の命令で遺骨をスコップですくい取り、廃坑に投げ込んだ」

「戦争中は逃亡者を監視するために、在郷軍人たちが銃を持って監視していた」

「中国人が入坑を拒否してハンガーストライキを起こし、炭坑側は軍隊出動を要請した。暴動鎮圧に出動した大村連隊との間で激しい戦闘となったという」

映画『軍艦島』のストーリーを作るにあたって、この『筑豊・軍艦島』もかなり参考情報を提供しているようです。この本にある証言内容についても本書にて検証いたします。

岡まさはる記念長崎平和資料館

長崎市内に「岡まさはる記念長崎平和資料館」なるものがあります。この資料館について平成二九（二〇一七）年六月七日付産経新聞に次のような記事が掲載されています。

事実とかけ離れた内容の報道がでるのは、誤った情報が日本から発信されているからで、その代表的存在が「岡まさはる記念長崎平和資料館」だ。長崎市内の「日本二十六聖人紀念館」から坂を上がったところに資料館はある。海外からの訪問客が後を絶たない。（中略）資料館では、慰安婦を「性的な奴隷」と表現し「動物のように狩り集められてきた若い朝鮮人女性（二〇万とももそれ以上とも言われる）」と説明する。「南京大虐殺」については中国の教科書を引用する形で「殺されたものは三〇万人を下らず」とした。

資料館は七年一〇月に市民団体「長崎在日朝鮮人の人権を守る会」の代表だった長崎大名誉教授の高實康稔（たかざねやすのり）が、平和活動家で牧師だった岡正治の遺志を継いで仲間と開設した。（中略）四月に死亡した高實について、地元の長崎新聞は一面で訃報を伝え、社会面で「加害の歴史　実態解明に尽力」の見出しで評伝を掲載した。

二七年一〇月、高實は資料館を訪問した韓国人学生に「朝鮮人はいつもじめじめしている軍艦島の劣悪な住居環境の中に住まわされていた」と話した。資料館は端島をこう説明している。「陸地から孤立されたこの島で、強制連行者たちは想像を超える劣悪な労働環境のなかで、残酷な暴力をふるわれながら死闘の日々を送った。彼らは端島を『地獄島』と呼んだ」

高實の活動を韓国も利用した。韓国国会は二〇〇四（平成一六）年三月、「日帝強占下強制動員被害者真相究明等に関する特別法」を制定し、「真相究明活動」のための委員会を立ち上げた。その結果をまとめた報告書が二八年六月に発表され、高實と資料館の名前は、資料収集と現場調査を支援する「海外諮問委員」として明記された。（中略）

高實は北朝鮮との交流にも取り組んだ。二八年一一月には、北朝鮮「金剛山歌劇団」長崎講演の実行委員長も務めた。（中略）高實は、昭和四六年に韓国の陸軍保安司令部が「北朝鮮のスパイ」として逮捕し、政治犯として投獄された立命館大学特任教授、徐（ソ）

勝（スン）とも繋がる。高實は投獄された徐勝と、彼の弟の救出を目指す「徐兄弟を救う会」の会員でもあった。（後略）

この資料館は私も訪問しましたが、強烈な反日イデオロギーの拠点のように思えて、戦慄さえ覚えました。外国人の来訪者も多く、日本の中学生や高校生も日教組の先生に引率されて、たびたび見学にきているようです。こうして日本国内から「日本人の蛮行」が際限なく発信されているのです。

軍艦島

第二部　軍艦島は「地獄島」ではなかった

映画『軍艦島』では朝鮮人労働者の悲惨な様子ばかりが描かれており、『軍艦島に耳を澄ませば』や『筑豊・軍艦島』などに登場する韓国人証言者は「極めて低劣な衣食住の条件下、言語を絶する危険な重労働、差別待遇とリンチに明け暮れる毎日であった」と主張しています。このような韓国側の認識は果たしてどこまで真実なのでしょう。

第二部では元島民の方々の証言、専門家の研究資料及び著者が平成二九年一一月に現地調査を行った際に得た情報などを基に、当時の端島の実態を具体的に明らかにしてまいります。

第六章　朝鮮人虐待行為はなかった

「真実の歴史を追求する端島島民の会」設立

戦前・戦中の端島を知っている人たちは、映画『軍艦島』の予告編を観て、内容があまりに事実とかけ離れていることに驚愕しました。

「これを真実として世界に発信されては、元島民のみならず、日本人全体の名誉も誇りもズタズタにされてしまう」そう感じた元島民の人々はとても黙っていられませんでした。

当時八八歳だった松本栄さんが中心となり、仲間が集まって平成二九年一月二三日に「真実の歴史を追求する端島島民の会」（以下「端島島民の会」）を立ち上げ、歴史の歪曲・捏造を糺すための情報発信活動が始まりました。

「軍艦島と呼ばれた端島で、ナチスドイツによるホロコーストのような非人道的行為は一切ありませんでした」

端島島民の会は平成二九（二〇一七）年五月下旬に南ドイツ新聞にこのような抗議状を送っ

ています。同新聞社は平成二七（二〇一五）年七月六日付で端島について次のように書いていたのです（注1）。

①大戦中日本人労働者は安全な場所に移され、中国と韓国の強制労働者に代わった。
②彼らの一〇〇〇人以上が死亡した。
③死体は海か廃坑に投げ入れられた。

これらは全く何の根拠もありません。死体を海に投げ込めば、岸辺に流れ着いて「殺人事件」として大騒ぎになるはずです。

しかし「こんな荒唐無稽なデタラメは誰も信じないだろう」と油断して放置しておくと、いつのまにか「真実」として全世界に浸透してしまいます。南ドイツ新聞は今のところ記事の訂正に応じていませんが、このような抗議活動を確実に粘り強く行うことが「フェイク情報」の蔓延を防ぐために何より必要でしょう。

端島島民の会の活動を、心ある日本人はこぞってバックアップすべきではないでしょうか。

「おかあさん　あいたいよ」落書きはヤラセだった

『軍艦島——恥ずかしい世界文化遺産』に登場し韓国メディアも取り上げている「おかあさん、あいたいよ」などの落書きは端島には存在しません。これが発見された場所は、筑豊にある豊州炭鉱の朝鮮人徴用工用の寮であり、しかも「ヤラセ」でした。

落書きが書かれた経緯につきましては、平成一二年一月三日付『西日本新聞』に詳しく記載されておりますので以下引用いたします（注2）。

（見出し）

「朝鮮人強制連行悲劇のシンボル」「慟哭の壁文字は演出」「映画ロケで刻む」「元スタッフ証言」

（記事）

強制連行された朝鮮人の〝慟哭の詩〟として有名な福岡県・筑豊炭田のハングルの壁文字が戦後の映画製作の際、スタッフによって演出として書かれたものであることが二日明らかになった（中略）壁文字は「おかあさん会いたい／腹が減ったよ／故郷に帰りたい」という内容で豊州炭鉱（福岡県川崎町）の朝鮮人寮の壁に書かれていた。西日本新聞の調査では、在日本朝鮮人総連合会傘下の日本朝鮮文学芸術家同盟（東京）が日韓条約に反対する運動の一環として一九六五年に映画『乙巳年の売国奴』を製作。強制連行の痕跡を盛り込むため、スタッフ四人が筑豊でロケ。壁文字はその際、廃墟となっていた寮の壁に書いた。文章は現場で話し合って決め、録音担当の女性が棒切れで壁に刻み込んだという。

西日本新聞の取材に応じた元映画スタッフは、壁文字を書いた当時の状況や心境を次のように語った。

――文字を書いた理由は

元スタッフ　強制連行は映像資料が少ないでしょう。それに（朝鮮人寮は）廃屋で撮るものがなかった。監督が「（連行されてきた人々の）思いがあった方がいいじゃないか」と。その他のスタッフも「それがいい」となった（中略）

――勝手に文字を書くことに抵抗はなかったか

元スタッフ　なかった。映画人として演出したことですから。

――なぜ今事実を語る気になったのか

元スタッフ　二年前に雑誌で壁文字を初めて見た。知人に相談したらあちこちの本や雑誌に出ていると聞いて驚いた。壁文字は連行された人々の思いを表現しているが、演出が事実として独り歩きすることは良くないと思った。（後略）

このように、日本ではとうの昔に「ヤラセ」であると判明していることが、韓国では「真実」として定着しており、子供向け絵本にもしっかりと書かれ、韓国のＭＢＣ放送も史実としてお茶の間に流しているのです。

子供に重労働はさせなかった

『軍艦島――恥ずかしい世界文化遺産』には、一二歳の少年までが連行されて端島炭鉱で毎日酷使された様子がこれでもかとばかり書かれています。これは本当なのでしょうか。

実は戦前も工場法という法律があり、炭鉱の坑内で一六歳未満の者が働くことは禁止されていました。『軍艦島の遺産』後藤惠之輔・坂本道徳著（長崎新聞社）によれば、昭和一四年八月に二五歳以上の女子にも坑内就業が許可され、同一五年四月には一週間二回以内八時間を限度とする一六歳未満の年少者の坑内就業を認めたとあります。

しかし、筆者が元島民の方から話を聞いた限り、そのような年少者が働いた事実はなく、恐らく例外的な処置であった可能性が高いでしょう。もし働いたとしても「一週に二回以内八時間を限度」という厳しい制限によって保護されており、子供向け本にあるような「一二時間以上働きノルマを達成しなければ地上に出ることは許されませんでした」というのは明らかに作り話です。

また、前出の三輪宗弘九州大学教授は、炭鉱関係資料を精査した結果、徴用された朝鮮人労働者のほとんどが一六歳以上であり、数え年と満年齢の関係でごくわずかに一五歳がいたことを明らかにしています。

常識から考えても、子供を朝鮮から連行して坑内で働かせるなどありえません。足手まといになるだけであり、作業効率が落ち、危険ばかりが高まるからです。

朝鮮人坑夫には危険な作業をさせなかった

「朝鮮人には最先端の最も危険な場所で作業をさせた」という非難についてはどうでしょう。著者は平成二九年一一月末に端島（軍艦島）視察の一環として長崎市内の「軍艦島デジタルミュージアム」を訪問しました。ここには当時を生きてきた方が説明員を務めておられ、「朝鮮半島出身者に危険な場所で仕事をさせたのですか」との筆者の質問に対してこう話してくれました。

「とんでもありません。慣れない者に危険な作業はさせられません。事故でも起こされたら落盤やガス爆発のような大事故に繋がります。危険な作業は熟練した日本人がやっていました」

「事故がおこれば全員の命が危ない。坑内は日本人も朝鮮人も運命共同体でした」

当時は日本人も朝鮮人も同じ現場で働いていました。坑内では掘進、採炭、充填、運搬などの一連の作業があり、お互いが力を合わせて慎重に仕事をしなければ、作業の能率が落ちるどころか落盤などの恐れもあります。特に最先端の危険を伴う場所での作業は熟練した者が行う必要があり、経験を積んだ日本人がこれに当たりました。一歩坑内に入れば日本人も朝鮮人もありません。全員が運命共同体であり、一心同体となって作業を進めていたのです。

『軍艦島に耳を澄ませば』には中国人労働者の証言として「坑内でガス漏れが発生したが、日本人の主任監督は中にいる中国人労工の生死を顧みず、急いで坑道の入り口を塞がせようとした」という記述があります。映画『軍艦島』の中で、ガス爆発事故が起こり、朝鮮人を中に残したまま火災が発生した坑道の入り口を塞ごうとする場面がありますが、シナリオを書いた人物は、恐らく『軍艦島に耳を澄ませば』のこの部分から思いついたのではないでしょうか。

しかし朝鮮人より、さらに不慣れな中国人だけで作業させるはずがありません。同書の中で、ある中国人労働者は「私は日本人が穿孔、発破をしたあとを掘進するのにつかされた」と証言しています。日本人と中国人は一緒に働き、危険な作業は日本人が受け持っていたことがこの本の中でも明らかなのです。

ツルハシでの作業はなかった

「腹ばいになったり横になったりして、ふんどし一つで狭い二尺層（約六〇センチの層）をツルハシで掘った」という韓国側の証言はどうでしょう。

実はツルハシで掘るような作業は明治時代の話であり、端島では大正時代から機械化が進んでいました。この間の事情については前出の『軍艦島の遺産』に詳しく出ていますので、その部分を引用したいと思います。

大正時代から戦前の期間においては、採炭技術の革新があり合理化が図られた。第一に、採炭方式はこれまでの残柱式を廃止して長壁式が全面的に採用された（大正一二年・

一九二三）。残柱式では炭層の中を炭柱を残しながら掘り進む方式であるが、長壁式では幅四〇メートル程度（後に七〇〜九〇メートルと長くなる）の炭層を一度に掘り崩し、掘った跡をボタ（注3）で充填していく方式である。主要坑道を炭層下の岩石中に掘進する盤下坑道方式が採用されたこともあって、機械化しやすく坑道維持が容易で、自然発火や坑内火災の予防上からも好ましく、災害の際に密閉により被害を局所に限定できるメリットがあった。

次に、圧気作動式の、石炭を掘り崩すコールピックが使用されるようになり、ツルハシの時代は終わった。圧気動力はガスに対して安全であるため、以降電力と並び坑内主要動力として閉山に至るまで使用された。さらに、掘った石炭やボタの運搬も機械化され、エンドレス巻きのチェーンコンベヤー、次いでベルトコンベヤー（昭和一一年から）が使われて、コンベヤー方式による運搬は、運搬史上の一大改革となった。

また、実際の端島炭鉱の状況について昭和一六（一九四一）年二月二八日付『長崎日日新聞』が「来て見て驚く科学の粋」と題して次のような現地ルポを掲載しています（注4）。

長い坑道を物珍しく見物して採炭の現場につく。採炭といえば鶴嘴（ツルハシ）を思い出すが、時代はそんな悠長なことでは間に合わぬらしく、ピックとよぶ電気仕掛けの採炭器でどしどし掘り崩している（中略）物凄いダイナモの唸り、これは地下水を排除する動力の音である。二千尺の穴蔵のなかにあって呼吸も何ら異常がなく、つきものの瓦斯の臭い一つしないというのは理想的な通風機をもって地上の新鮮な空気を絶えず送っているからだ。すべてに科学の力を利用されているため、坑内で危険を感ずるようなことは全然ない。勿論、全くの素人で炭坑に飛び込んだ勤労奉仕隊員も喜んで仕事に従事している。（中略）そしてまた世間がいっているような地獄でないことも認識されたと思う。労務者たちの顔は社会人が炭坑を正しく知ってくれることを希望しているのだ。

『軍艦島に耳を澄ませば』にも「端島は何でも機械で動いたし最高の機械を使っていた」という証言があります。「徴用工たちはふんどし一つで二尺層をよこになってツルハシで掘っていた」「坑内は有毒ガスが頻繁に発生していた」などという韓国側の主張がいかに荒唐無稽であるかお分かりでしょう。当時の端島炭鉱の現場のことを何も知らないまま、単に想像で「日本の虐待行為」を作り上げていることが、これだけでもよく分かります。

なお、ＭＢＣ放送や『軍艦島――恥ずかしい世界文化遺産』などは、坑道は地下一〇〇〇メートルで現場は四五度の灼熱地獄だったと言っていますが、著者が元島民から直接聞いた話では、戦時中は地下七〇〇メートル強にしか達しておらず、坑内は最高三五度だったそうです。もちろんふんどし一つで横になって掘るようなことは全くなかったと証言しています。

働いた時間は日本人も朝鮮人も同じ

朝鮮人労働者が一日一二時間から一六時間の重労働をさせられたという証言が『軍艦島に耳を澄ませば』に出てきます。しかし現在の基準から見れば重労働でも、労働基準法などが整備されていない時代においては一〇時間から一二時間労働は日常的に行われており、まして戦争中ともなれば、勝つために少しでも多くの石炭が必要ですから、一五時間前後となることもあったでしょう。

端島島民の会の会長である加地英夫氏も、その著書『私の軍艦島記』(長崎文献社)の中で「昭和一八(一九四三)年、戦争はますますはげしくなり、労働時間は石炭増産のために一日一二~一五時間になりました。(中略)父は朝早く出勤し、夜遅く帰ってくるので、みなそろって食卓をかこむことはあまりありませんでした」と書いています。

日本人も朝鮮人も勝利を目指して頑張りました。もちろん働いた時間に日本人も朝鮮人も変わりはなかったのです。

日本人による朝鮮人への「暴行」はなかった

日本人は世界に類を見ないサディスティックな民族であり、日本に強制連行された朝鮮人は絶えず日本人からひどい暴行を受けていた。

これが現在の韓国における一般常識であり、韓国で発刊される数々の書籍にも、このような日本人の残虐性がまことしやかに書かれています。

一方、日本で発行された『軍艦島に耳を澄ませば』にも「（端島で亡くなった朝鮮半島出身者のうち）合計二〇人はほとんど全て日本人労働者や監督たちによる私刑、リンチ、虐待、暴行によるものと推定することができる。そしてこの推定はほとんど誤まっていないと確信する」と書かれています。

しかし、私たちの父祖がそのようなサディスティックであったとは、到底信じられません。商社で三〇年海外貿易を担当し、海外文化の実態を肌で感じてきた著者は、日本人ほどやさしい民族は他にないと確信しています。正直で嘘をつかず、残虐なことを「穢れ」として忌み嫌い、和を尊んで相手の気持ちに最大限配慮する日本人の特性は、縄文時代から脈々と受け継がれ、日本人のＤＮＡに深く刻み込まれています。残虐行為に耽るような民族とは対極的な、全てにおいてやさしい民族なのです。

元島民の方々も、内外からの「軍艦島では朝鮮人が虐待された」という非難に対して、怒りを込めてこう証言しています。

「何十年と端島に住みましたが、虐待したとかそういうことは絶対にありません」(注5)

「日本人と朝鮮人がケンカをすると、日本人がね、会社に呼ばれておこられていた」(注6)

「確かに暴力による罰はあった。けれどそれは「サボる人」に対して。罰は日本人も朝鮮人も同じで、差別は全くなかった」(注7)

「朝鮮人労働者が虐待されたという話ばかり。欺瞞と虚偽と誇張に塗り込まれた記事が横行していることに憤りを感じる」(注8)

「端島について書かれた本を読むと端島が(ナチスドイツによる)アウシュビッツ収容所と同一だと書いてあり、頭にきた。本に書いてある嘘を暴いて、これが真実であることを内外に言わなければいけない」(注9)

「韓国では端島を『監獄島』『地獄島』と言っているそうだが、われわれはそんなところに住んだ覚えはない。日本で重い罪を犯して無期懲役を受けた者が軍艦島に来ていると書かれているが、私たちは違う」(注10)

また、『軍艦島に耳を澄ませば』には警察による暴行の証言もありますが、元島民の一人は次のように否定しています。

「それがでたらめっていうのはね、警察官は坑内のことはしないんですよ、絶対。（坑内のことは）保安監督署がするから坑内のことは警察がするもんじゃない」（注11）

興味深いことに『筑豊・軍艦島』には「端島炭鉱の外勤労務係はみんな朝鮮人で、同胞に対しては特別に厳しかった。朝鮮人坑夫を何人入坑させたかが腕の見せどころで、叩いてでも無理に入坑させた。それが労務係の評価に繋がるのだった」（傍線筆者）とも書いてあります。それならもし朝鮮人坑夫が誰かに叩かれたのであれば、叩いたのは朝鮮人だったことになります。

『百万人の身世打鈴』百万人の身世打鈴編集委員編（東方出版）に佐賀県西松浦郡に作業所があった川南造船所で当時働いた裴來善（ベレソン）という人物の回想が載っています。その頃の状況が分かりますので一部引用します。

「私の班には当時三二歳の李という人がおりましてね。（中略）ところがこの人が現場監督にしょっちゅう暴行を受けるのですよ。その監督ちゅうのが同じ朝鮮人なんですわ。（中略）日本の工場はどこでもそうだけど、朝鮮人を使うときは朝鮮人の現場監督を使うんだよ。同じ朝鮮人同士でいがみ合わせるってわけですよ。それが本当の植民地支配。『おまえは同じ民族じゃないか。何でおれを叩くか？』ってものごすごく憎むんですね。日本人だったらそうでもないと思うんですが」

この本は日本の「植民地支配」を糾弾する視点から編集されていますので「それが本当の植民地支配」というフレーズが飛び出していますが、実際問題として言葉も通じない朝鮮半島出身者を雇用する場合、その管理を同じ朝鮮人にまかせるのは当然であり、端島でも同じでした。従って、もし端島で「朝鮮人虐待」があったとすれば、それは朝鮮人の間で起きたのではないでしょうか。映画『軍艦島』でも徴用されたやくざの親分が朝鮮人労務係の横暴に怒って大ゲンカをするところがあります。この映画では珍しくここでは実態らしい場面を描いています。

中央協和会の指導方針「体罰は指導者の力不足」

『在日朝鮮人関係資料集成（第五巻）』朴慶植（パクキョンシク）著編には、厚生省・内務省の外郭団体である「中央協和会（注12）」が作成した「移入労務者生活訓練必携」が含まれています。そこには朝鮮半島出身者への指導方針が列記されており、その冒頭部分には次のような指示があります。

一、「日本人」と「朝鮮人」と対立的に言ったり「鮮人」「朝鮮」などと云ふ蔑視的な言葉づかひはいけぬ。「内地の方」「朝鮮の方」「半島同胞」と云ふ様にすること。

一、腹が立つことがあっても、一歩高いところに自分を置いて公衆の面前で罵倒したり、殴ったり、叱責することなく、親切に何回でも手に取るように教えてやらなければならない。体罰を加えることは指導者の人格の力の不足を語るに等しい。

一、この職場にさえ居れば経済に於いても生活に於いても疾病等の時、決して不安はないという信頼感を養うこと。

一、指導者の名を以て、郷里に稼働状況、貯金高、健康状況、その他近況を知らせて、父母親族に安心を得せしめるよう通信をすることは必要である。

言葉づかいにも気を遣い、体罰を加えるのは指導者の人格の力の不足と指摘しています。虐待どころか、当時日本側が朝鮮半島出身者にいかに気を遣っていたか、この資料からも明らかでしょう。

死亡率は日本人も朝鮮人も同じ

『軍艦島に耳を澄ませば』には「火葬埋葬認許証」の数字を基に「日本人よりも朝鮮人の方が死亡率が高い。慣れない危険な仕事をさせた証拠である」という記載があります。しかしながら筆者が『炭坑誌　長崎県石炭史年表』前川雅夫編（国立国会図書館蔵）（以下『石炭史年表』）で確認しましたところ、昭和一〇年から二〇年までの端島炭鉱で起きた死亡事故と犠牲者数は次の通りです。

昭和一〇年　三月　ガス爆発事故　日本人一八名　朝鮮半島出身者九名死亡
一一年一〇月　落盤死　日本人一名　死亡
一二年　五月　事故死　日本人一名　ケージに触れ死亡
　　一一月　落盤死　日本人一名　死亡
一三年　六月　事故死　日本人一名　坑木割砕中破片に当たり死亡
一七年　六月　事故死　日本人一名　墜落事故により死亡

一九年　七月　ガス噴出事故　　　　五名　死亡（出身地内訳なし）

『軍艦島に耳を澄ませば』に登場する証言者は「落盤で月に四・五人は死んでいったでしょう。今のような安全を考えた炭鉱では全然ないですよ」と言っていますが、同書の中にあるリストでも落盤事故発生件数は昭和一〇年から二〇年の間で一二件に過ぎません。また『石炭史年表』によれば落盤で死んだ人は一〇年間で二人でした。端島炭鉱では最先端の技術を導入し、安全面についても最大限重視していたことは先に述べた通りです。

なお、同書によれば昭和一八（一九四三）年六月に「ロープ切断事故」によって朝鮮人労働者二人が亡くなったとありますが、『石炭史年表』では確認できません。一方、昭和一〇年の事故について同書は朝鮮人二名の死亡者があったと記述していますが、『石炭史年表』では朝鮮人死亡九名となっています。いずれにせよ『石炭史年表』に従えば事故死者の多数は日本人です（一九年七月の事故も犠牲者は全て日本人という証言あり）。

また、死亡率について九州大学の三輪宗弘教授が、石炭統制会が作成した資料（茨城県立歴史館所蔵）を調査したところ、日本人労働者と朝鮮人労働者の死亡率には、ほとんど差がないことが分かりました（注13）。

端島炭鉱における事故死の実態は右の通りであり、櫻井よしこ氏は平成二九年一二月四日付産経新聞「美しき勁き国へ」の中で元島民の次のような証言を紹介しています。

「自分は死んでも（朝鮮人の）部下を殺すような風習はない。それくらいにやっぱり人間味のある、端島独特のですね、人情論ですよ」

「一度入ったら生きて出ることができない地獄の島軍艦島」という韓国側の主張は全く根拠のない作り話だったのです。

朝鮮半島出身者の遺骨は丁寧に扱った

『筑豊・軍艦島』には「仲間が事故死して火葬が終わると、監視についてきた労務係の命令で遺骨をスコップですくい取り、廃坑に投げ込んだ」とありますが、恐らく骨壺に入りきれずに残った遺骨をスコップのようなもので捨てたのではないでしょうか。

実は九州ではこれが当たり前のことなのです。筆者の家内の父親を長野の佐久で見送った時は、最後に残った灰まで全て刷毛で集めて丁寧に骨壺に入れました。ところが続いて筆者の実父が熊本で亡くなった時は、小さな骨壺に遺骨を無理やり詰め込んで、火箸のようなものを突っ込んでザクザク砕きだしました。「なんとご無体な」と思ったのもつかの間、係官は残った遺骨を塵取りみたいなものに入れています。「それどうするのですか」と思わず聞いたところ「ああ残ったのは共同骨捨て場がありますから」との答えが返ってきて、びっくり仰天でした。

端島でも、熊本と同じように残った遺骨を決まった場所に捨てたのでしょう。それを『筑豊・軍艦島』の証言では、誇張して遺骨の全部を捨てたようになっているのではないでしょうか。但し、火葬すら「二度も殺すのか」と忌み嫌い、遺体を大切に土葬にする朝鮮の人々のメンタリティーを思えば、残った骨を捨ててしまうことに怒るのも「むべなるかな」と思わないこともありません。

しかしあくまでも日本の伝統に従って丁寧に扱ったことには変わりはなく、日本人がそれに負い目を感じることは全くありません。

なお、朝鮮半島出身者の遺骨は丁重に故郷に送り届けています。元徴用工だったというチェ・チャンソプ氏は映画『軍艦島』を見た後で「映画の内容が事実とは異なり誇張されている」と韓国日報の記者に述べており、「端島で働いて亡くなった人は多かったが、日本人は遺体をちゃんと弔って、韓国に送還していた。それだけは実に善良によくやった」と証言しています。

（注1）平成二九年六月七日付産経新聞「歴史戦・反日ネットワーク」より

（注2）『足で見た筑豊　朝鮮人炭坑労働の記録』金光烈（明石書店）

（注3）ボタとは掘った石炭と一緒に出てくる岩石屑。

（注4）『Hanada』平成二九年一一月号「徴用工は不幸だったのか①軍艦島」鄭大均より

（注5）平成二九年一二月四日付産経新聞「美しき勁き国へ」櫻井よしこより

（注6）『軍艦島に耳を澄ませば』一七四ページ

（注7）『正論』平成二九年九月号「世界遺産『軍艦島』を韓国映画の捏造から守ろう」杉田水脈より

（注8）（注9）（注10）平成二九年二月八日付産経新聞「『歴史戦』軍艦島を歩く　憤る島民「嘘暴く」「アウシュビッツとは違う」」より

（注11）平成二九年一二月二四日付産経新聞「『歴史戦』軍艦島旧島民らの証言動画公開「地獄島じゃない」」反論より

（注12）中央協和会：全国各地に存在していた行政レベル、民間レベルでの内地在住朝鮮人に対する援助、互助団体を昭和一四（一九三九）年に「地方共和会」として統合再編制し、その現役幹部によって中央協和会が作られ、厚生省・内務省の外郭団体となった。

（注13）『歴史通』平成二九年四月号「韓国『日帝強制動員歴史館』の嘘八百」三輪宗弘より

第七章　「軍艦島から脱走」の真実

いろいろな人々が混在していた「軍艦島」

『筑豊・軍艦島』には「（朝鮮人労働者は）奴隷的な労働に耐えられず、最後の手段として島からの逃走を試みた」と書かれています。

では脱走者の実態はどうだったのでしょう。それを明らかにするには、当時端島にはどのような人々が働きにきていたのかを知っておく必要があります。

明治時代に「納屋制度」という炭鉱で働く人を集めるための制度ができました。これは納屋頭が坑夫を募集し、納屋に住まわせて食事を与え、作業の監督をするものです。

ところが、納屋頭が地方の博徒などに人集めを依頼した結果、誘拐同様の手口で坑夫がかき集められる事態が起きました。彼等は各地の炭鉱で過酷な労働を強いられ、怠けると棍棒で殴られました（注1）。

納屋頭が坑夫の給料をピンハネすることも日常茶飯事であり、また、会社の生産計画に比べて不必要に多い人数を送り込むこともあって「納屋制度」はやがて見直されることとなり、高島炭鉱や端島炭鉱では明治三〇年の時点で廃止されています。

しかし下請けの制度そのものが全くなくなることはなく、飯場の親方が労務者を引き連れてやってきて会社と契約し、親方自身は会社が供給する寮の「寮長」として君臨することがありました。親方の中には朝鮮人もいて、朝鮮人労務者を使っていました。こうした経緯で端島炭鉱で働いていた人たちをまず第一グループとします。

次に、炭鉱で働くことを望む人たちが自らやってきたり、あるいは斡旋業者の紹介で会社と直接契約するケースがあります。家族連れも多く、その大部分が会社の社宅に住んでいました。朝鮮半島から出稼ぎにきている人もたくさんおり、彼らは島を自由に出ることができたそうです（注2）。これが第二グループです。

さらに、朝鮮半島などの外地から会社が集団で雇い入れた人たちがいます。彼らは後に述べます「自由募集」「官斡旋」さらに「徴用」などの制度でやってきた人たちです。彼らを第三グループとしましょう。

第三グループのうち「自由募集」や「官斡旋」で就職した人たちは第二グループとほとんど同じ条件で生活していましたが、「徴用」で来た人々は彼らの中のリーダーが「隊長」となって寮生活を送りました（注3）。彼らが島を出る時は、親が危篤になったり死亡したなどの特別の理由と許可が必要でした。端島には一部中国人もいましたがこれは「徴用」に準じた待遇だったようです。

そして三菱の正社員がいましたが、彼らは転入転出が多く、あまり長くは滞在していませんでした。彼らを第四グループとします。

徴用工の脱走はあったのか

では脱走があるとすればどのグループでしょう。第二グループや第四グループは島を出る自由があるため脱走の必要はありません。一番ありうるのは第一グループです。

親方がインチキ賭博や女郎買いをさせて労務者に借金を作らせ、二年契約や三年契約で給料をピンハネし、さらに借金を作らせてどこまでも縛りつけるというケースがあったようです。炭鉱労働は楽ではなく、金も入らなければ奴隷と同じことになり、命がけで逃げ出した人々もいたに違いありません。そして捕まれば親方からこっぴどく叩かれることもあったでしょう。しかしこれは会社側の管理不徹底ということはあっても、会社が被害者に対して直接責任を負う筋合いのものではありません。

第三グループの中では「自由募集」や「官斡旋」は第二グループと同じ待遇ですから逃亡は

まず考えられません。では「徴用」の場合はどうでしょうか。『軍艦島に耳を澄ませば』には、過酷な強制労働に耐えかねて多くの朝鮮人が海に飛び込み死亡したとあります。

この本によると、端島の対岸にある野母崎半島にある「南越名海難者無縁仏之碑」を発掘したところ、「四体の遺体」が出てきたそうです。そこで「炭鉱会社が朝鮮人であることを確認した上で、『身元不明』ひいては『無縁仏』として処置（埋葬）したのではなかったかと思われる」という推測によって「朝鮮人漂着死体埋葬の事実が証明された」と結論づけています。

ところが役所の人は「もし軍艦島から逃げてきた朝鮮人だったら、身元確認のために島に戻されたあと荼毘にふされているはずなのでありえない」とこれをきっぱり否定しています（注4）。『軍艦島に耳を澄ませば』の中にも、端島の中央部にあった泉福寺の住職の次のような証言があります。

「朝鮮人は見ましたが、話すこともなく埋葬したこともなく、別に覚えていることはありません。逃げようとして海に飛び込んで亡くなった話も聞きませんでしたよ」

さらに同書に登場する浜口三郎という高島（端島の隣の島）の炭鉱で働いていた人物も「（高

島では）朝鮮人がそういう風に脱走して、なんしたちゅうのは聞いたことがないですね」と証言しています。

後でも触れますが、当時日本では朝鮮人の親方が取り仕切る飯場が全国至るところにあり、日本語ができなくても、そこならもぐりこむのは簡単でした。朝鮮人の飯場を渡り歩いて、大金を稼ぐ朝鮮人労働者もいました。そのようないい話ばかりが伝わってくると、外部の飯場で楽にたくさん稼ぐために、逃げ出そうと考えた徴用工がいたかもしれません。あるいは、隊長や周りからのいじめに耐えきれず、脱走しようと思った者もあったでしょう。

しかしながら、実際にそれを実行に移して死亡したものが「朝鮮人徴用工」の中にいたかどうかは、実は極めてあいまいなのです。

脱走を監視する体制はなかった

映画『軍艦島』では端島に監視塔があり、朝鮮人脱走者を発見すると銃で殺害しています。『筑豊・軍艦島』に登場する元朝鮮人抗夫だったという人物は、「島抜けに成功した話はまず聞いたことがない。捕まれば労務係から拷問を受け、死体は海に投げ込まれるだけだ」「炭鉱側の坑夫の島抜け対策は徹底していた。端島の周辺にモーターボートを走らせ、空襲のない夜間はサーチライトで堤防を照射した」と証言しています。

しかし、死体を海に投げ込めば、どこかに流れ着いて「殺人事件」として捜査が始まるはずです。さらに監視塔を作りモーターボートまで走らせて、厳しく島抜け対策を徹底していたというのであれば、『軍艦島に耳を澄ませば』に出てくる朝鮮人労働者のこの証言は、どう解釈すべきなのでしょう。


「八月九日はわたしは海で泳いでいたんですよ。仕事が明けだったたんでね」


監視員は、海で遊泳している者と脱走しようとする者をどう見分けたのでしょうか。

そもそも監視塔などありませんでした。筆者も実際に端島を視察しましたが、監視塔などを建てるほどの余分な土地はありません。韓国側の証言にたびたび出てくる「監視塔」なるものは、竪抗の真上に建っていた「竪抗櫓（たてこうやぐら）」の写真を「監視塔」と誤認した可能性があります。端島にはいくつもこの「竪抗櫓」があり、一番高いものは四七メートルもありました。

端島は監獄ではなく、朝鮮出身者を管理していたのは同じ朝鮮出身者でした。朝鮮人労働者の逃亡を日本人が監視する体制など、もともとなかったのです。

因みに『軍艦島――恥ずかしい世界文化遺産』には、少年たちが鉄格子の檻に入れられている様子が描かれていますが、筆者が元島民の方から直接聞いたところ、「そんなことは全くありません。そんな残酷なことがどうしてできますか。端島には派出所に二人ほどが入れる留置所はありましたが、せいぜい酔っ払いを収容するくらいでした」との回答でした。

軍艦島は銃とは無縁だった

『筑豊・軍艦島』には、「逃亡者を監視するために、在郷軍人会の会員たちが銃をもって警備していたという」という記述があります。また『軍艦島——恥ずかしい世界文化遺産』では、「逃亡して捕まれば銃殺にされた」とあります。

では逃亡者を監視したり、捕まえた者を「銃殺」するための「銃」はあったのでしょうか。筆者が聞いた元島民の方の証言によれば、端島には当時警官が二名駐在していただけでした。それも昔の警察官は丸腰ですから、銃など持っていません。もちろん、軍の部隊が端島にいるはずがありません。端島に軍隊を置く必要性など、治安上も防衛上も全くなかったからです。

映画『軍艦島』では、朝鮮半島出身者が端島から脱出するために日本兵と銃撃戦を繰り広げていますが、これは『筑豊・軍艦島』にある次の証言にヒントを得たのかもしれません。

採炭中に日本人指導員から暴行を受けたため中国人二人がスコップで反撃して大怪我をさせる事件があった。中国人だけが責任を問われて労務事務所に連行されて酷く殴られた。これが原因で暴動が起き、全員が入坑を拒否した。炭鉱側は長崎県に対して軍隊出動を要請した。（中略）端島炭鉱の暴動鎮圧に出動した大村連隊との間で激しい戦闘となったという。

しかし労使間の争議であれば軍隊ではなく警察を呼ぶはずです。また仮に軍隊との間でそのような「戦闘」がおこったのであれば、必ず人々の記憶に残っているでしょう。しかしそのような証言はどこにもありません。記録も全くありません。端島は銃とは縁のない平和な島だったのです。そこでどうして「銃撃戦」や「銃殺」などがあるでしょうか。

因みに、映画『軍艦島』には端島がアメリカの爆撃機によって爆撃され、日本人だけが防空壕に避難して、締め出された朝鮮人は次々に火だるまになって死んでゆく場面がありますが、著者が元島民の方から聞いたところ、端島は一回もアメリカ軍機によって爆撃されたことがありません。一度だけ石炭運搬船が魚雷攻撃を受けたことはありますが、島民に被害は出ていません。終戦間際に、隣の高島の二子発電所が爆撃されて端島への送電がストップしたことがあり、映画はこれをヒントにした可能性がありますが、歴史の捏造に変わりはないでしょう。

（注1）『Hanada』平成二九年一一月号「徴用工は不幸だったのか①軍艦島」鄭大均より

（注2）『軍艦島に耳を澄ませば』四五ページ

（注3）当時徴用者は「隊組織」となっており、朝鮮人徴用工の中のリーダーを「隊長」と呼称した。

（注4）『JAPANISM』二〇一六年vol.32「軍艦島を反日のプロパガンダにするな」小川茂樹より

第八章　朝鮮人への差別はなかった

『筑豊・軍艦島』には、「労務係は朝鮮人を人間扱いしなかった。朝鮮人は世の中で一番下等であると考えて命令ばかりして怒鳴っていた」という元朝鮮人労働者の証言があります。また『軍艦島に耳を澄ませば』には「当時朝鮮人たちは日本人から『犬、ねこ、ぶた、チャンコロ（中国人）チョウセンジン』と蔑称され（人間並み）の扱いをされていなかった」という記述もあります。果たして端島では、それほど朝鮮半島出身者が差別されていたのでしょうか。

日本と朝鮮の子供たちは一緒に学んでいた

映画『軍艦島』では小学生と見られる女の子に慰安婦にするための性病検査を受けさせ、絵本『軍艦島――恥ずかしい世界文化遺産』では一二歳の少年たちを牢屋に収容し、坑内作業にこき使ったように描写しています。しかし実際には日本人の子供も朝鮮人の子供も、仲良く一緒に学校で学んでいました。

医者である父親に連れられて九歳の時に端島に移住した内田好之氏は、著書『燃ゆる孤島』（フクイン）の中でこう回想しています。

端島小学校に転向してきた昭和一六年八月、クラスの中に、一番目立って体格が大きい同級生が二人いた。風貌もかなり違って見えた。その二人の名前は郭山君と金君。国籍（ママ）は朝鮮である。金君は日本名で巌谷君というが、私は金君と呼んでいる。

この二人は、先生や同級生に色々と面倒をかけていた。この二人のせいでクラス全員が罰を受けたことも度々あった。つまり全体責任ということである。

金君はよく頭の髪の毛を五・六センチ伸ばし、先生から赤い布で頭の毛にリボンのように結ばれ、照れ笑いをしていたのが今も印象に残っている。彼とは特別、親しくはなかったが、何となく馬が合う感じだった。

当時日本人と一緒に端島の小学校で学んだある韓国人は、自著の中でこう回想しています（注1）。

鉱夫の子供たちは学校に通うことができた（中略）学校生活は悪くなかった。朝鮮で日本語を習ってきていたのに加え、頭のよかったグ・ヨンチョルは日本の子供たちを差し置いて最高の成績を維持することができた。性格もおだやかで冗談もよくいうし、運動もできたので日本の子供たちにもよく溶け込んでいた。

また筆者自身も現地調査を行った際に、戦前小学生だった元島民の方から次のように聞いています。

「仲の良い友達に朝鮮人の子供がいました。初めて遊びに行ったときはキムチくさかったけれどすぐに慣れて、その後はしょっちゅう遊びに行ってました」

これらの証言からも、日本人の子供と朝鮮人の子供が仲良くしていた当時の様子がありありと目に浮かんできます。彼らは普通に楽しい学校生活を送っていたのです。

日韓併合時代は、朝鮮の人々も「日本国民」であり、日本の法律で守られていました。幼い子に強制労働をさせたり、売春をさせるなど許されるはずがありません。すぐに警官が飛んできて、実行犯は逮捕されて牢屋行きとなります。

この映画や本のストーリーを考えた人物は、これだけのことをよく思いつくものです。その逞しい想像力を、もう少しまともな方向に使えば大成できるのかもしれません。

日本人も朝鮮人も同じものを食べた

『軍艦島に耳を澄ませば』の中で、「一四歳で軍艦島に連行された」と主張している元朝鮮人労働者は「こんな重労働に、食事は豆カス八〇%、玄米二〇%のめしと、イワシを丸だきにして潰したものがおかずで、私は毎日のように下痢して、激しく衰弱した」と証言しています。

これについては前出の「真実の歴史を追求する端島島民の会」会長加地英夫氏が『私の軍艦島記』の中で次のように回想しています。

昭和一九（一九四四）年、六年生になりました。戦況はますます日本に不利となって、食事事情はさらに悪くなり、いろいろな物資も欠乏し、配給も麦、雑穀、イモ、豆カスになりました。

確かに日本側が提供した食事に彼らは満足できなかったかもしれません。しかし当時は戦時中で日本中食糧難でした。日本人も同じだったのです。

『軍艦島に耳を澄ませば』には「食事は『豆かす』『押し麦』がほとんどでいつもひもじい思いをしましたが、四年間の間になれてしまいました」という元朝鮮人労働者の証言や、「日本人が持ち込んだ豆を密かに買って腹の足しにした」という話も出てきます。

みんなが同じようにひもじい思いをしており、日本人と朝鮮人の間に食糧配分に関する差別などなかったことは、元島民の証言からも明らかです。

住居にも差別はなかった

映画『軍艦島』で描かれている朝鮮人労働者の住居は、半地下で床を踏めば汚水が染み出す劣悪な部屋になっています。また『軍艦島に耳を澄ませば』には「九階建てのコンクリートアパートの中で、日光が当たらず換気も悪い半地下一階が朝鮮人の部屋だった」という証言もあります。

しかし、端島の住居はどこも十分な防潮対策がなされており、日本最古のコンクリートアパートである三〇号棟も、回字型で建設され、居室の入り口や階段を、全て内側に設けて潮が入り込まないようになっています。また廊下の要所要所には波浪の侵入を防ぐために厚い防潮扉が設置されていました。

なお、大正七（一九一八）年に建設された一部の建物には、一階部分を島内に流れ込んだ海水の「はけ階」にするという防潮対策がなされており（注2）、映画では日本人の残虐性を際立たせるために、この人の住めない「はけ階」に徴用工たちが「住ませられた」ことにしているのかもしれません。とはいえ徴用工は大事な戦力ですから、風邪を引かせるような部屋に会社が住まわせるはずがないことは誰が考えても分かります。

端島炭鉱の場合、業者として島で仕事をした者以外は、三菱の職員や鉱員とその家族及び下請けとして働いていたものまで、部屋代や光熱費、水道代等の心配をする必要はほとんどありませんでした。元鉱員夫人はこのように当時を懐かしんでいます（注3）。

「当時家賃は二円でした。電気代や水道代は何もいらなかったです。ガスはプロパンガスの引換券を一軒に何枚か無料で配ってました。それ以上必要な時は買ってました」

さらに勤続年数が長いものほど条件のいい部屋に入居できたそうです。勤続年数によって点数が加算され、その点数によってより条件のいい部屋に移ることができました（注4）。

それは日本人でも朝鮮人でも同じことで、『筑豊・軍艦島』には次のような記述があります。

姜夫妻は端島で新婚生活を始めようとしたが、入居待ちの朝鮮人夫婦が二組あってなかなかアパートに入られなかった。やむなく夫の知り合いのアパートに同居することになった。（中略）まもなくアパートの一室が空くと姜たちは七階へ移った。

日本人も朝鮮人も同じアパートの中で混在しており、住居差別などなかったことが明らかです。

賃金上の差別もなかった

『軍艦島に耳を澄ませば』には「賃金をもらったことがない、私の記憶は確かだ」あるいは「居酒屋にも食堂にも行けなかった。給料をくれなかったから」という証言があります。

しかしその一方で、「賃金は六〇円から九〇円です。だんだん熟練工になってきたので賃金も上がりました。仕送りもしていました。届いていました」という人もいます。証言にばらつきがあるのはなぜでしょうか。

ではまず法律上ではどうなっていたかを確認しましょう。

昭和一九（一九四四）年二月一八日発令の勅令第八九号第一八条には、次のように規定されています（これは同年に朝鮮半島にも適用されています）。

被徴用者ニ対スル給与ハ其ノ者ノ技能程度、従事スル業務及場所等ニ応ジ且つ従前ノ給与其ノ他之ニ準ズベキ収入ヲ斟酌シテ被徴用者ヲ使用スル官衙又ハ事業主之ヲ支給スルモノトス

国としては「従前の給与その他に準ずべき収入」を斟酌して支給すると定めています。但しこれは「最低基準」であり、実際問題として日本の鉱山会社には民族差別的賃金体系がなく、朝鮮半島から来た労働者にも日本人と同じ基準で給与を支払っていました。

当時、端島炭鉱の外勤課に勤めていた日本人も『軍艦島に耳を澄ませば』の中で「朝鮮人には日本人と同じ賃金を払うたし、自由にさせよった」と証言しています。なお、賃金差別がなかったことについては後でも詳しく触れております（一九二ページ参照）。

さらに端島炭鉱では、他の鉱山と比べ高賃金が支払われていたようです。軍艦島デジタルミュージアムの係員はこう話しています（注5）。

「韓国人の方は徴用で連れてこられたと言っています。たしかにそのような方もいらっ

しゃったのですが、ほとんどが『条件がいいから』と他の炭鉱から移ってこられた方でした」

昭和一七年一月一七日付長崎日日新聞社の報道によれば、端島炭鉱で働く人の平均月収一五〇円とあり、端島で少年期を過ごしたある韓国人も本の中で次のように書いています（注6）。

熟練労働者だった父の月給は戦時中物価が上昇したときは一八〇円にも達した。教師や役所の職員よりも多い月収だった。しかもお金を使おうとしても、使うところのない孤立した島だったので、一定額の貯金をすることができた。

端島で働いた朝鮮人労働者は、朝鮮半島にいた時よりはるかにたくさん稼いでいたようです。ならば「給料をもらったことがない」という証言が出てくるのか不思議ですが、少なくとも所帯持ちについては「必ず給料日には並んで判をもってもらいに来てた」と元島民が証言しています（注7）。単身者の場合、寮の責任者がまとめて受け取り、寮で各自に渡していましたので、その辺で何らかのトラブルがあったと考えるのが妥当でしょう。

朝鮮人用の遊郭があった

端島には朝鮮半島出身者用の遊郭もありました。端島の遊郭の事情については黒沢永紀著『軍艦島　奇跡の産業遺産』（実業之日本社）に記載してありますので、その部分を引用してみます。

　遊郭は全部で三軒あり、そのうちの二軒が日本人用の「本田」と「森本」、そしてもう一軒が朝鮮人用の「吉田」でした。（中略）昭和八（一九三三）年一月の長崎新聞に遊郭「本田」を伝える記事が掲載されています。

「県会議員本田伊勢松氏の経営する料亭本田屋が多情多彩の情緒を持って炭粉に塗れた坑夫たちの荒くれた心身を愛撫してくれるのも炭坑端島のもつ柔らかな一断面である」

この一文からは、黒沢氏も指摘している通り、当時の遊郭が炭鉱にとってどのような存在で、軍艦島がどういう島だったか、さらには当時の社会情勢など、様々なことが読み取れると思います。

片や遊郭「吉田」は、働く遊女もまた朝鮮人の女性で、戦後も営業を続けていたと言います。（中略）少なくとも「吉田」の従業員は日本人と親しくし、その子供たちもまた軍艦島にいた日本人の子供たちと仲良く遊んでいたと聞いています。

朝鮮人専用の遊郭は映画『軍艦島』にも出てきますが、当時の遊女は親日的だったようです。いずれにせよ、朝鮮人向け遊郭が繁盛したということは、朝鮮人労働者がよい賃金をもらっていた証拠ではないでしょうか。

中国人に感謝された医師

閉山三〇年を記念して高島町が発行した『端島（軍艦島）』という冊子があります。そこには、次のような言葉が記されています。

「ご安全に」は坑内の挨拶です。坑道の真っ暗闇の中、キャップランプの明かりで浮かび上がる誰とでも、会えば「ご安全に」の挨拶です。坑内ではこれ以外の挨拶はありません。坑内では一人の不注意でも直ちに全員の生命にかかわるのです。そうした連帯意識と常に安全を心がけることが「ご安全に」の挨拶に込められています。炭坑は地下産業という大変厳しい労働条件下にあります。坑内では緊張の連続です。しかし、職場を離れれば「ヤマの男」たちは、全員が家族同様の付き合いで、共同体意識が強く、端島は一島一家と呼ばれてきました。

これが戦前戦後を通じた端島の姿でした。この島の人たちがどうして朝鮮人や中国人を虐待するでしょうか。

前出の内田好之氏は著書『燃ゆる孤島』の中で、ある中国人労働者のことについて語っています。その人はある日彼のところへ訪ねてきて片言の日本語でこう言ったそうです。

「私は中国人です。ひと月ほど前に坑内で仕事中に足に怪我をしてしまいました。その治療を内田先生にしてもらいました。中国人の私に先生は日本人と変わらない話し方や態度で接して頂き、島にきて初めて親切にしてもらい嬉しかったです」

そして手に持ってきた新聞紙に包んだ一個のパンを彼に渡し、深々と頭を下げて帰っていきました。夕方になって内田氏の父が病院から帰ってきたので、そのことを話すと、彼の父はこのように答えたそうです。

「患者の中には朝鮮人、中国人は何人かはいるが、日本人と区別して治療したことは一度もないし、寧ろ国を離れてはるばる日本まできているのだからと、無意識のうちに親切にしているかもしれない」

全員が一心同体となって仕事をする「ヤマの男」たちはもちろんのこと、彼らを支える医師も看護婦も朝鮮人や中国人に分け隔てなく対応していました。

『軍艦島に耳を澄ませば』には「せっかく治療を受けても朝鮮人の場合は、充分な手当を受けられず『放置同様』に処置されたものも多かったものと想像できる」と推測で書いていますが、内田氏のこのような証言も是非取り上げてもらいたいと思います。

手を振って別れを惜しんだ両民族

そして昭和二〇（一九四五）年八月一五日、終戦を迎えて朝鮮人労働者は帰国することになりました。

「端島島民の会」のメンバーによれば一〇月に三菱の船で彼らを半島まで送り届けたそうです

ました（注8）。その時の別れの様子を、筆者が端島を視察した折に元島民の方がこのように語ってくれました。

「日本人も朝鮮人も別れを惜しみました。彼らが船に乗って端島を離れる時は、日本人全員が岸壁に集まって手を振り、彼らもまた見えなくなるまで手を振り続けました」

前出の『石炭史年表』には、端島の北方に位置する大島（長崎県西海市）にあった大島炭鉱（松島炭鉱大島事業所）での朝鮮人労働者の帰国時の模様について次のような記述があります。

政府の指示を待たず、「戦時中、大島の生産を支えた朝鮮人労働者九〇〇人」の送還を検討、朝鮮人指導員の協力を得て一〇月から一一月にかけて円滑に行った。会社は、精算した賃金の他、米・味噌等の生活用品を各人に支給し、船を用意した。朝鮮人労働者は惜別の言葉を交わしながら、夜静かに大島を去っていった。

朝鮮人労働者の帰国時には、互いに別れを惜しむ光景がいたるところであったようです。「端島島民の会」の会長は当時を振り返ってこのように話しています（注9）。

「映画で描かれる奴隷労働などあるはずがない。炭坑では古株の朝鮮人が新米の日本人を指導することもあり、終戦後『端島の方が給料も良い』と島に戻ってきた朝鮮人もいました。狭い島内で朝鮮人への虐待や殺人が起これば、すぐに耳に入るはずですが、そのようなことは一切ありません。端島には一〇〇世帯ほどの朝鮮人家族が暮らしており、子供たちは学校で机を並べ、仲良く過ごしていました」

この言葉の中に端島の真実が凝縮しているのではないでしょうか。

映画『軍艦島』はレイシャル・ハラスメントの極致

差別どころか、端島の人々と朝鮮半島の人々はこれほど心が繋がっていたのです。

映画『軍艦島』では銃撃戦で脱出したように描かれていますが、これがどれだけ元島民の気持ちを傷つけているかを、柳昇完監督に是非理解してもらいたいと思います。

ソウル在住産経新聞客員論説委員の黒田勝弘氏によれば、二〇一八年一月に韓国のアシアナ航空機を使って一時帰国した時に、『軍艦島』が機内映画で上映されていたそうです。他にも、関東大震災での朝鮮人虐殺を描いた『朴烈』、慰安婦問題がテーマの『アイ・キャン・スピーク』といった反日映画もメニューにあったといいます。日本人を「鬼畜扱い」するこれらの映画を、平気で日本便で上映する神経が分かりません。韓国で日本人観光客が激減するのは当たり前でしょう。

以前、筆者が羽田からソウル行大韓航空に乗ったときは、飛行機の位置を示す画面にわざわざ竹島を表示し、「Ｄｏｋｄｏ（独島）」と書いてありました。これは日本人への当てつけにしかとれません。

韓国の人々は自分たちを「情の民族」と言いますが、それなら日本人にも「感情」があることを知るべきです。映画を作ることは勝手ですが、事実を歪曲してはいけません。特に見る者に決定的な印象を持たせる「映像」で他民族を貶めることは、レイシャル・ハラスメント（特定の人種や民族、国籍の人々に対する嫌がらせ）の極致であり、人間として決して許されるものではありません。

日本人はその名誉と誇りにかけて、この映画の製作に関わった人々に猛省を促すべきではないでしょうか。

（注1）（注6）崔碩栄氏web「『映画〝軍艦島〟はフェイクである』を示唆するこれだけの証拠」より

（注2）『軍艦島入門』黒沢永紀著（実業之日本社）

（注3）『端島（軍艦島）における聞き取り調査及び現地調査』後藤惠之輔、森俊雄、坂本道徳、小島隆行

（注4）『軍艦島　奇跡の産業遺産』黒沢永紀著（実業之日本社）

（注5）『正論』平成二九年九月号「世界遺産『軍艦島』を韓国映画の捏造から守ろう」杉田水脈氏より

（注7）平成二九年一二月四日付産経新聞「美しき勁き国へ　櫻井よしこ」より

（注8）『正論』平成二九年九月号「世界遺産『軍艦島』を韓国映画の捏造から守ろう」杉田水脈より

（注9）『SAPIO』平成二九年一〇月号「映画『軍艦島』は史上最悪のフェイクシネマ」より

第三部　狂気を帯びる韓国の反日感情

李承晩政権以来の強烈な反日教育によって、韓国の反日感情は自家中毒してしまいました。誰かが「日本はこんな酷いことをやったのではないか」と「日本人の蛮行」を思いつくと、「残虐な日本人ならやったに違いない」と盛り上がり、やがてそれは事実として集団記憶の中に組込まれて一人歩きを始めるのです。映画「軍艦島」はその典型でしょう。

こうして「創作」された歴史をふりかざして「日本は歴史を直視せよ」と韓国が日本に迫るたびに、これまで日本側は何ら検証もせずに謝罪してきました。このために韓国の人々は「自分たちは常に正しい」という過信に陥り、国際感覚に麻痺が生じたようです。

第三部では、反日感情が高まった過程を振り返ると共に、今やカルト宗教のレベルに達した韓国の独善的反日活動の実態を明らかにします。

第九章　戦後歪曲された韓国の歴史

李承晩による歴史捏造

韓国で今日のような激しい反日感情が生まれたのは、実は戦後のことなのです。初代大統領李承晩（イスンマン）が史実をねじ曲げたことが始まりでした。

本来、日本から朝鮮半島が独立するなら、日本と併合条約を締結した李王朝の「大韓帝国」が復活すべきでしょう。事実、李王朝の正式な後継者である李垠（りぎん）殿下が日本に滞在中であり、「大韓帝国」復活への強い意志を持っておられました。

ところが実際には共和国が建設され、李承晩がアメリカのバックアップで最高権力の座につきました。下手をすれば李承晩は、李王朝から政権を奪った「謀反人」として歴史に名を留めるかもしれません。ならば、そうならないよう彼としては、歴史を改竄しなければなりませんでした。

彼が歴史を改竄したもう一つの理由は、国民の「日本時代への郷愁」を断ち切ることでした。

戦後日本と分断された韓国は、世界の「一等国」から最貧国へ没落し、「なんだ、日本統治下の方が何もかも良かったではないか」と日本時代を懐かしむ雰囲気が国中に溢れていました。日本時代の方がよければ、新政権の存在意義がなくなってしまいます。

そこで李承晩は次の通り歴史を塗り替えたのです。

一、日本は李王朝を亡ぼし、朝鮮を植民地化して残虐な支配を行った。
二、上海に亡命した独立運動家が『大韓民国臨時政府』を立ち上げ、『光復軍』を組織して連合軍の一員として日本と戦い、日帝支配に苦しむ朝鮮人民の解放に貢献した(注1)。
三、その『大韓民国臨時政府』を引き継いだのが李承晩政権である。

これらは完全に「虚構」です。日韓併合は条約に基づく国と国との「併合」であり、日本が朝鮮半島を植民地化したわけではありません。イングランドとスコットランドの「併合」と同じであり、今で言うならアメリカの五一番目の州になることです。これによって朝鮮の人々は、当時世界の「一等国」である「大日本帝国」の臣民(注2)となり、彼らに日本人と同等の権利と義務が生じたのです。

日本統治下では残虐な植民地支配どころか、共に天皇陛下の赤子であるという「一視同仁」

の理念のもとで、日本人と朝鮮の人々はとても仲良くやっていました。大東亜戦争では朝鮮の若者の大部分が日本軍に志願し、日本軍兵士としてアジアの人民を白人の植民地支配から解放するために戦いました。詳しくは拙著『本当は素晴らしかった韓国の歴史』（ハート出版）を参照ください。

しかし、李承晩政権を正当化するためには、日本統治はあくまでも「植民地支配」でなければなりません。李承晩は歴史を改竄し、ありもしない残虐行為をどんどん捏造して自己政権を正当化し、その価値を高めようとしたのです。

さらに、彼は日本時代の真実を語る者を「政治犯」として徹底的に弾圧し、強烈な反日教育によって国民に日本への憎悪を植えつけました。

自国民虐殺事件を隠蔽

李承晩が前記のように歴史を改竄したのには、実はもう一つ大きな理由があります。それは李承晩政権時代の自国民虐殺事件から国民の目をそらすためでした。

一九四八年に済州島で発生した四・三事件では多くの無辜（むこ）の民間人が、共産ゲリラ幇助（ほうじょ）の疑いで政府軍により虐殺されています。金大中（キムデジュン）政権下で公布された「済州四・三真相究明及び犠牲者名誉回復に関する特別法」に基づく調査では、二万五〇〇〇人から三万人が殺されたことが明らかになりました。

そればかりではありません。李承晩政権は、一九五〇年に勃発した朝鮮動乱の最中に、大量の自国民を殺しました。動乱発生直後には、左翼からの転向者を再教育するために組織された「国民保導連盟」の連盟員を、「敵に寝返る恐れあり」として処刑しています。盧武鉉(ノムヒョン)政権時代に韓国政府が設置した「真実・和解のための過去史整理委員会」では、四九三四人が殺害されたことを公式に認めており、一方で一〇万人以上の連盟員が処刑されたという説もあります。

さらに北朝鮮ゲリラ討伐の過程では、全羅道(チョルラド)や慶尚道(キョンサンド)の山村で、女子供を多数含む民間人を「共産ゲリラ協力者」と見なして、数百人から千人単位で次々に虐殺しました。

これらの虐殺事件の責任が韓国政府にあることは明らかであり、いずれ国民の非難の矛先が政府に向かうはずです。そこで李承晩は虐殺事件をめぐる政府の責任を回避するため、「朝鮮戦争で同族どうし殺し合うことになったのも、全て南北分断をもたらした不法な日本統治に原因がある」ことにしました。こうして歴史をねじ曲げ、朝鮮半島に渦巻いていたあらゆる同族間の「恨み」が、「日本への恨み」に収斂(しゅうれん)するよう誘導したのです。

「徴用工への年金支払い拒絶」を隠した朴正煕

その後の歴代政権も、国民の反日感情を煽ることで政権の浮揚を図りました。一九六一年にクーデターで権力を握り、以後一九年間韓国の政権トップの座にあった朴正煕(パクジョンヒ)も同じでした。彼には貧農出身の自分を引っ張り上げて、軍人として出世する道を開いてくれた日本の恩人に対し、個人的には感謝の気持ちはあったでしょう。しかしながら政権を維持するためには、それを表に出すことはできません。もはや「反日」でしか国民をまとめることができなくなっていたからです。

一九六五年六月、「日韓基本条約」に付随して「日韓請求権並びに経済協力協定」が締結されました。

この協定によって日本は朝鮮半島に残してきた日本の民間資産(朝鮮半島の南側だけでも現在の価値で八兆円)を放棄し、さらに無償三億ドル、有償二億ドル、民間借款三億ドル合計八億ドルの経済支援をすることになりました。これは当時の韓国の国家予算の二・五年分に相当します。一方、当時の日本の外貨保有高は二一億ドルに過ぎませんでした。

実はこの交渉の過程で日本政府は、戦前・戦中に日本の公官庁や企業などで働いていた朝鮮の人々に対して、補償の意味を込めて、個人的に年金を支払いたいと韓国政府に申し入れたのです。

事実、台湾に関しては、神奈川県高座海軍工廠で働いた八〇〇〇人の台湾人に対して、日本政府は年金を支給しています（注3）。日本の戦争を支えてくれたことへのお礼の意味もありました。彼らは日本からの年金にサポートされながら、同工廠で身につけた技術を生かして戦後の台湾の工業発展に大いに貢献しています。

ところが朴正煕大統領は、「個人への補償は韓国政府の責任において行う。日本からのお金は韓国政府が一括して受け取る」と言って譲りませんでした。朴正煕としては、もし韓国の人々が個々に日本から年金をもらうようになると、韓国人の心にまた日本時代への郷愁が蘇り、韓国に対する忠誠心が薄れるのではないかと危惧したのです（注4）。

このため日本は、朝鮮統治に協力してくれた人々や、徴用に応じた人々に対して、一銭の年金も支払うことができなくなりました。

日本が個人に対する年金の支払いを申し入れ、それを朴正煕が拒否した事実は、その後も韓国側で公（おおやけ）にされることはなく、韓国政府から十分な補償を得られない人々の間に、日本への恨みばかりが膨らんできたのが実態なのです。

韓国で必要なのは「あるべき歴史」

ところで、このような「歴史の改竄や隠蔽」を行うことに、何らの後ろめたさも感じないのだろうかと、読者の皆さんは素朴な疑問を持つかもしれません。ところが韓国ではそれが許されるのです。

この社会では自分の祖先にどんな人間がいたかどうかで、自分の一生が左右されます。祖先に「民族の英雄」がいれば、子孫は末代まで優遇され、逆に「問題」とされる人物がいれば、それを暴かれることで現在の社会的地位も財産も失ってしまうのです。盧武鉉政権時代には、日本の朝鮮統治に協力したとされる人物の子孫たちが、日本円で合計二百億円近くの財産を没収されました。

これほど出自を重視する社会ですから、人々は一族の過去にどれだけ立派な飾りつけをするかに異常な執念を持つようになります。朝鮮文化の背景をなす儒教思想においても祖先の悪行はこれを隠し、ひたすら先祖を祭り上げることが「孝」の道でもあります。自分の都合の良いように過去を作り替えることは、自分を守るための手段であり、道徳にもかなうわけですから、良心的呵責どころか何の不自然すら感じません。

つまり、この国の人々にとって「ありのままの歴史」にはそれほどの価値はなく、大切なことは、自分たちにとって「あるべき歴史」を作り上げ、それを押し通すことなのです。

歴史捏造で植えつけられた日本への「復讐心」

さらにやっかいなことに、朝鮮文化には「過去を水に流す」という概念がありません。祖先の「憎悪」と「恨み」は世襲され、その子孫が仇の子孫を同じ目に遭わせるまで、恨みを晴らすことはできません。従って「日本は世界で類を見ない残虐な方法で朝鮮半島を植民地支配した」という歴史観を植えつけられている韓国人は、何十年、何百年経とうが、必ず日本にその「復讐」をしなければならないのです。

しかしながら現代世界において、日本を「植民地支配」することはもはや不可能でしょう。その代りに慰安婦問題や徴用工問題を持ち出し、千年先まで日本人を貶めることで「復讐」しようとしているのではないでしょうか。

反日を掲げる文在寅（ムンジェイン）政権は、慰安婦関連資料のユネスコ世界記憶遺産への登録を支援することを表明し、八月一四日を「慰安婦の日」としました。韓国政府として国立墓地に慰安婦の碑を建て、「日本軍『慰安婦』問題研究所」を新たに設立することも決まりました。

また女性家族省の鄭鉉栢（チョンヒョンベク）大臣は、「慰安婦問題を後世に伝えるために、若い学生に歴史科目として教えて行くことが重要である」と述べています。

韓国政府は「日本への恨み」を子々孫々にまで伝え、日本への復讐を達成するための手を着々と打っているとしか筆者には思えません。

「お気楽な謝罪」が韓国人の怒りに火をつけた

韓国人の反日感情がここまで高まった大きな原因が、日本にもあります。河野談話、村山談話、菅談話など、歴代の日本首相や高官が軽々しく謝罪を繰り返してきたことです。

外交は譲り合いではなく押し合いであり、こちらが配慮すれば相手も配慮するなど、絶対にありえません。押し合ってどっかで妥協点を見つけるのが外交の本質であり、そこに「誠意」などが入り込む余地はありません。まして「謝罪」などしてしまっては、相手の言い分をまるまる認めてしまったことになり、無条件降伏と同じです。「謝罪」でやり過ごそうと思ったら大間違いであり、そこから相手国による「責任追及」がはじまるのです。

もともと「謝って済ませる外交」など世界には存在しません。政府が国家として正式に外国に謝罪すれば、自国の歴史に取り返しのつかない大きな汚点を残します。さらに莫大な補償を支払うことになり、場合によっては責任者を相手国の裁判に委ねることになります。死刑も覚悟しなければなりません。

政府が謝罪するということは、民族の名誉と尊厳、国民の命、膨大な経済的負担、そして国の将来がかかった極めて重たいものなのです。ヨーロッパ諸国が過去の植民地支配に対して一切謝罪せず、アメリカが日本への原爆投下を謝罪しないのもそのためでしょう。

ところが日本は、慰安婦問題などで「お気楽に」謝罪を繰り返しました。その一方で日本政府は、責任者の処罰も国家補償もしません。何の証拠もないのですから、やりようがないのです。しかし外国の人々にとっては、これほど無責任な話はありません。

「謝罪して非を認めたくせに、国家賠償はしないのか！　責任者の処罰はしないのか！」と韓国人の怒りはますます増大したのです。

（注1）大韓民国臨時政府は、朝鮮の独立運動家が集まって上海に樹立した大韓民国政府の前身であると韓国は主張するが、実態は「一部の亡命政客が作ったクラブ」としか見なされず、どこの国からも承認されていない。光復軍も実数は数百名で実戦には参加しておらず、戦後ワシントンの指令により、大韓民国臨時政府及び光復軍の肩書での帰国は許されず個人の資格で帰国している。
（注2）一般には君主国における人民の意。ここでは天皇陛下と深い絆で繫がっている国民。
（注3）（注4）『正論』平成三〇年一月号「徴用工が韓国の近代製鉄所を作った」安部南牛より

第十章　日本への憎悪を煽る「反日施設」

前章では、なぜ韓国が「慰安婦問題」や「徴用工問題」で日本を貶めようとするのか、その心理について述べました。本章では具体的に韓国内でどのような反日教育がなされ、反日プロパガンダがどのように発信されているか、筆者が平成三〇年三月末から四月初めに行った現地ルポによって確認した、その恐るべき実態を明らかにしたいと思います。

独立紀念館

ソウル南方約一〇〇キロの天安には、壮大な反日施設「独立紀念館」があります。一九八二年の教科書騒動(注1)で反日機運が盛り上がった際に、同館建設のための募金運動が始まり、韓国政府が管理する国家的施設として一九八七年に完成しました。

広大な敷地には休憩施設もあり、休日ともなれば多くの人々が家族連れでやってきます。小学生や中学生にとっては遠足や課外授業の目的地でもあります。

建物は一号館から七号館まであり、一号館（民族のルーツ）以外はどこも「日本の蛮行」や

「反日闘争」がテーマとなっています。戦後、李承晩政権がねじ曲げた歴史がここでは「真実」となっており、日本がいかに朝鮮の人々を虐待したか、そして祖先がどれほど日本支配に抵抗したかを誇示しているのです。韓国の反日教育の総本山とも言えるでしょう。

展示室ではジオラマや蝋人形などを多用し、視覚聴覚に訴えながら、見る者に日本への「恐怖」と「憎悪」を植えつけます。

慰安婦関連コーナーでは、女性を無理やり引っ張ってトラックに乗せる場面や、日本兵が慰安所で列を作って順番を待っている様子をジオラマで再現しています。

さらにその横では、三次元立体映像で、慰安婦虐待の証拠を隠滅するため、日本兵が朝鮮人慰安婦姉妹を「日本のために喜んで死ね」と叫んで射殺するシーンを放映しています。殺害後に女性の説明者が現れ「慰安婦強制連行は日本政府が組織的に行った残虐行為である」と決めつけて映像は暗転します。

日本の官憲による拷問を再現したコーナーも強烈です。独立運動家が拷問されるシーンを「動く蝋人形」で再現しており、そのうちの一つは手を縛られた女性の足に棒を差し込み、骨が砕ける音と共に女性の悲鳴が聞こえてきます。

これは、李氏朝鮮時代に行われた「周牢（チュリ）」という拷問です。朝鮮総督府は、このような残虐な拷問を禁止していました。それをここでは日本人がやっているのです。

これを見た子供は、恐怖で震えていました。そして筆者の耳には「これが日本人のやることだ。日本の奴らめ！」という父親のうめき声が聞こえてきました。

※すべて独立紀念館内の展示（著者撮影）

朝鮮の女性を無理やりトラックに乗せる場面

慰安所で行列を作る日本兵

独立運動家を拷問する官憲の姿（蝋人形）

西大門刑務所歴史館

ソウルの西大門独立公園内部に、「西大門刑務所歴史館（以下歴史館）」があり、ここも視覚や聴覚を利用した反日洗脳展示物で溢れています。

地下牢を再現した場所では、囚われた女性独立運動家の姿が暗闇から浮かび上がり、「マンセーマンセー（万歳々）」と悲痛な声で叫びます。日本の官憲による拷問場面を描いた絵がいくつも貼りつけられており、天井から逆さまに吊され、「水責め」にされる朝鮮人男性の蝋人形もあります。

売店では西大門刑務所に関する資料を多数販売しており、その中には「小学校低学年用」「小学校高学年用」「青少年用」の三種類のブックレットがありました。「小学校低学年用」の最初のページには次のように書いてあります。

見出し：俺の言うことを聞かなければここに送るぞ！

言うことを聞かない者に、あえて言うことを聞かせるには脅かすのが一番です。日本もそうしたのです。約一〇〇年前、日本はあらゆる方法を使って我が国を自分のものにしようとしました。当然我が国の人たちは抵抗しました。そこで日本は交通量の多い西

大門にこれ見よがしに巨大な監獄を作りました。多くの人がこれを見て日本の侵略に抵抗するな！と

さらにテロリストの行為を「義烈闘争」と称賛し、次のように教えています。

見出し：義烈闘争―日本を武力で処断せよ！

日本で重要な決定を行う偉い人を殺したり、我が国の人間でありながら日本を助ける「親日派」を葬れば、日本が我が国を支配するのが困難になるでしょう。警察署のような日本にとって重要な建物を潰すことでもそうなるでしょう。このような戦いを「義烈闘争」といいます。一九一〇年、日本が完全に我が国を奪うと、命がけで「義烈闘争」を行った人々が一層増えました。日帝の手先である李完用(注2)を殺そうとした李在明義士は法廷で「日本の奴らが不公平な法律で自分を殺せても自分の忠魂は殺せない」と堂々と叫んだと言います。

日本官憲による拷問についても次のように表記しています。

見出し：日本の残酷な拷問にも耐えた
保安庁舎の地下は日帝が独立運動家を取り調べ、拷問した場所です。日帝は耐えられないほどの残酷な拷問をやりました。（中略）愛国志士たちがいかにその困難を耐え忍び独立運動を繰り広げたか、心が痛むと共に本当に尊敬します。皆さんも彼らに温かい慰労の気持ちと感謝を捧げましょう。

最後には死刑の場所まで細かに書いています。

見出し：祖国の独立も見ることができずに……
五メートルもの高い壁で囲まれた死刑場は一九二三年に建てられました。死刑場の中を覗くと、椅子と縄が置かれており、地下の死体収集室もあり、当時の様子を生々しく感じることができます。

この歴史館には子供たちが課外授業として教員に引率されてやってきます。小学校低学年から、このようにして日本への憎悪を叩き込まれるのです。さらに、中学校、高校と成長段階に応じて「日本の残虐行為」をより具体的に教えるようになります。例えば「小学校高学年用」

や「青少年用」のブックレットには、「箱拷問」というのが登場します。先が鋭くとがった鉄棒が内向きに刺さった小さな木枠の中に人を閉じ込め、少しでも動くと血まみれになる拷問器具です。子供たちが成長するにつれて、日本への怒りがより強くなるよう教育されるわけです。

課外授業で施設を訪れる子供たち

官憲による拷問場面を描いた図

囚われた女性独立運動家（蝋人形）

コラム①「西大門刑務所」とは

「西大門刑務所」は一九一二年に朝鮮総督府が作ったものですが、その目的は刑務所の近代化にありました。李朝時代の監獄は信じられないほど不潔で残酷なものでした。一坪に十五、六人押し込み、寝るのも交代で寝ていたそうです。『朝鮮総督府施政二十五年史』（国立国会図書館蔵）は次のように記録しています。

「併合前後の監獄は旧韓国時代に在りて最も顧みられなかったものの一つで、その内部の不潔、不整頓並びに罪囚取扱いの惨酷なることは（中略）一讀膚毛の粟立ちするを禁じ得ないものがある」

朝鮮総督府はこの「地獄の監獄」を人道的な日本の刑務所並みにするために、最大限の努力をしたのが事実です。さらに、李氏朝鮮で行われていた残虐な処刑や拷問を禁止し、近代的な法治社会へと脱皮させました。しかし戦後の歴史歪曲によって、今では「西大門刑務所」の存在が「日本の残虐行為」の証とされ、代表的な「反日洗脳施設」の一つとなってしまったのです。

戦争と女性の人権博物館

ソウル市麻浦区に「戦争と女性の人権博物館」があります。ここは「韓国挺身隊問題対策協議会（注3）」が運営しており、慰安婦に関する資料が数多く展示してあります。日本軍の「悪行」を強調するためなのか、おどろおどろしい雰囲気が醸し出されており、なぜか内部は撮影禁止でした。

順路の最初に目にしたのは、壁中から飛び出している石膏で模られた老婆たちの顔や手でした。筆者の全身に悪寒が走りました。耳にあてた音声案内は重苦しい声で語り始めます。

左壁面の少女を見てください。これから待ち構えている過酷な運命を知らずに、うなだれたままどこかへ向かっています。そして右側の壁では、既に苦しみの時間を経てハルモニとなった被害者が、皆さんを見つめています。この作品は実存する被害者の顔と手を石膏で模ったものです。被害者が皆さんに話しかけているように感じませんか。それは苦痛と無念が込められた彼女たちの絶叫でもあり、私の話を聞いておくれと囁いているようでもあります。

階段の壁面に掛かっている絵は、日本軍慰安婦被害者が連行された当時の記憶を書いたものです。日本兵に連行される様子や、船に乗って遠い異国へ移送される様子が書かれています。果てしなく広い海を越え、見慣れぬ土地に向かう少女たちの恐怖心が、絵の中にそのまま表れているように見えます。

さらに音声案内は、慰安婦を日本の国家組織に組み込まれた「性奴隷」と決めつけ、次のように日本を非難します。

慰安所が設置されてから、日本の植民地だった朝鮮で何がおきたのかについて思いをはせながら、皆さんがご存知の「慰安婦」という用語について改めて考えてみてください。一つ重要なことは「慰安婦」という用語は歴史的な事実を明らかにするために使われていますが、その実態は「性奴隷」に他ならなかったということです。

日本軍慰安婦問題は戦争と共に生まれ、拡大した犯罪です。戦争がどれほど恐ろしい方法で人の暮らしをこわすのか、とりわけ女性の人生をいかに破壊するのかを、最も極端に示す例です。何よりもこのような犯罪が日本政府という国家権力によって体系的な制度として実施されたという意味で、より深刻な問題だと言えます。

日本政府は日本軍慰安婦犯罪に対する、政府の関与を否定していましたが、日本軍の関与を示す文書が発見され、被害者の証言が出てくると、一部ではありますが関与の事実を認めました。しかし政府の犯罪事実を全面的に認め、それに伴う法的責任を履行することはありませんでした。そこで被害者たちは日本政府を相手に日本の裁判所で訴訟を起こし、（中略）韓国と日本そしてアジアの被害国が共に日本軍性奴隷を裁く、女性国際戦犯法廷を開催し、世界女性の名で裕仁天皇に有罪を宣告しました。

音声案内は、終始女性の声で重々しく、いかに慰安婦が性奴隷として人権を踏みにじられ、戦後もどれほど悲惨な生活を送ったかを、まことしやかに訪問者に語りかけます。展示場には元慰安婦だったと名乗り出た老女の絶叫する声が響き渡っています。

訪れた多くの外国人が深刻な表情を浮かべ、真剣なまなざしで展示物を見ていました。何も知らない人間がここを訪れれば、誰もが日本軍の残虐性に絶句し、慰安婦問題で日本政府を糾弾することこそ「良心」の証であると思うでしょう。

外国だけではなく、日本の中にもこの施設を支援している人たちが大勢います。「戦争と女性の人権博物館日本後援会」のウェブサイトにある「募金者一覧」によれば、日本から募金をした人々の中に左記の労働組合や団体が名を連ねています（平成三〇年八月九日筆者閲覧）。

彼らは、北朝鮮の工作員と言われる人物が検事役を務めた「女性国際戦犯法廷」なる模擬裁判で、昭和天皇が「慰安婦強制連行の最高責任者」として「有罪」にされたことをどう思っているのでしょうか。

全日本鉄道労働組合総連合会
情報産業労働組合連合会
自治労東京都本部
ＮＴＴ労働組合大阪支部
東日本旅客鉄道労働組合
大阪市労働組合
大田区職員労働組合
神戸ＹＷＣＡ
神戸国際キリスト教会
日本キリスト教協議会

国立日帝強制動員歴史館

釜山市南区に「日本植民地下の歴史を全て集約し、歴史の痛みを記憶する場所」として二〇一五年一二月一〇日に「国立日帝強制動員歴史館」が開館しました。この施設は一万二〇六二平方メートルという広大な土地に、日本円で五〇億円以上という費用をかけて韓国政府が建設したものです。

丘の上に聳(そび)える七階建ての瀟洒(しょうしゃ)な建物の中には、日本統治時代に内地や南方に「強制動員」された人々の記録が大々的に展示されています。日本語のパンフレットもあり、「日本によって行われた強制動員の惨状を国民に広く知らしめ、正しい歴史を鼓舞し、人権と世界平和に対する国民教育の場を提供する」と書かれています。

さらに、その「女性動員」の項目を見ると、「日本は一九三一年の満州侵略から一九四五年まで、戦争を効率的に遂行するという名目で、植民地の若い女性を日本軍が設置した〝慰安所〟に監禁し、性奴隷としての生活を強要しました。(中略)動員された人員は四〇万人以上であったと言われています」との記述があります(注4)。

二〇一五年七月に「軍艦島」が世界文化遺産に登録されたことから、同館には「軍艦島」に関する展示物が多く、当時の写真や石炭運搬車を必死で押す朝鮮人労働者の蝋人形があり、落盤事故で生き埋めになった現場を再現した展示物もありました。

以前、ここにも先述の韓国のＭＢＣテレビが放映した「狭い採掘現場で横になって掘り進む酷使される朝鮮人徴用工」の写真があったそうですが、産経新聞の指摘で偽写真であることが判明したためか、筆者が訪れたときは既に取り外してありました。

順路に沿って展示場を回ると、南方の島で「強制連行」された朝鮮人が防空壕を掘るところを蝋人形で再現しており、そこに建てられた立札には「朝鮮人は防空壕に入るべからず」と書かれています。

驚いたのは、慰安婦に関するコーナーに足を踏み入れた時です。突然テレビ画面に慰安所の一室が現れ、ベッドの上で男女がもつれ合っている姿が出てきました。男は日本軍人で女性は朝鮮の少女です。男は泣き叫ぶ少女を殴りつけ、髪を引っ張り、ついに強姦します。続いてその横の別のテレビ画面に、強姦されて茫然自失となった少女の姿が現れ、「私はここで何をしているの」「お父さんお母さんが恋しい」という字幕が出てきます。この「再現ビデオ」を子供たちが食い入るように見ていました。通常なら成人映画に指定されるようなシーンを国立の施設で堂々と「上映」しているのです。反日のためならなりふり構わない韓国の姿に、憐れみさえ感じてしまいます。

このような「日本の蛮行」の数々を見せられた後、出口近くでひときわ大きなタイトルが目に飛び込んできました。「『隠れた加害者』強制動員現存企業」とあり、その下には次のように書いてあります。

強制動員の加害勢力には日本の国家権力ばかりでなく、日本の企業も加わっている。彼等は企業利益を上げるために日本の国家権力以上に人力収奪に積極的だった。中小企業の水準にあった日本の企業は人力と原資材確保、賃金統制、安定的な納品価格確保、インフラ提供など、当局が提供する条件を活用して莫大な利益を上げ、大企業へ成長した。該当企業の発展の礎石は、正に強制動員された朝鮮人の血と汗であった。これらの企業は日本政府と軍部の庇護の下に強圧的に労働力を搾取し、未成年者を連れ去るなど、不法行為を行いながら労働災害に対する最小限の義務も履行しなかった。

その場に設置されたテレビの画面には、韓国側が「戦犯」と認識している企業の名前が次々に映し出され、合計二六六社の名前が挙がりました（これ以外に二つほど不明瞭な記載あり）。

このコーナーでは、これまで元徴用工が起こした日本企業相手の裁判の過程が事細かにパネルに記載されており、この「国立日帝強制動員歴史館」が「戦犯企業」を糾弾し、日本側に補償を要求するための一大拠点であることを物語っています。

「戦犯企業糾弾の一大拠点」国立日帝強制動員歴史館

強制連行された朝鮮人に防空壕を掘らせる日本兵（蝋人形）

慰安婦として連れてこられた
朝鮮人の少女を強姦する日本兵（映像スチール）

戦犯企業と韓国が認識している企業名

一二二ページで名前を挙げられた二六六社の「戦犯企業」は、次の通りです。

アイサワ工業㈱、愛知機械工業㈱、愛知製鋼㈱、愛知時計電機㈱、秋田海陸運送㈱、旭化成㈱、旭硝子㈱、味の素㈱、東海運㈱、㈱アステック入江、麻生セメント㈱、荒井建設㈱、飯野海運㈱、飯野港運㈱、㈱池貝、石田㈱、石原産業㈱、いすず自動車㈱、イビデン㈱、岩田地崎建設㈱、宇部興産㈱、宇部マテリアル㈱、宇部三菱セメント㈱、ＳＥＣカーボン㈱、ＮＳユナイテッド海運㈱、Ｈｉｔｚ日立造船㈱、江若交通㈱、大阪機船㈱、大阪製鉄㈱、王子製紙㈱、㈱大林組、大阪瓦斯㈱、大阪金属工業㈱、㈱オーエム製作所、㈱オーエム紡機製作所、㈱岡部鐵工所、神岡鉱業㈱、㈱京三製作所、鹿島建設㈱、春日鑛山㈱、片倉工業㈱、片山浜螺工業㈱、兼松日産農林㈱、川崎運送㈱、川崎汽船㈱、川崎重工業㈱、関西汽船㈱、関東電化工業㈱、㈱神崎組、栗林商船㈱、協和発酵キリン㈱、㈱栗本鐵工所、日下部建設㈱、㈱熊谷組、クラシエホールディングス㈱、㈱クラレ、黒崎播磨㈱、グンゼ㈱、虹技㈱、㈱小池組、合同製鉄㈱、㈱鴻池組、㈱神津製作所、国産電機㈱、㈱神戸製鋼所、コマツ㈱、コマツＮＴＣ㈱、㈱相模組、㈱サクション瓦斯、㈱佐藤工業、佐野屋建設㈱、㈱サワライズ、三光汽船㈱、山九㈱、三機工業㈱、サンデン交通㈱、山陽特殊鋼㈱、品川リフラクトリーズ㈱、清水運送㈱、清水建設㈱、常磐興産㈱、昭和KDE㈱、昭和産業㈱、昭和鐵工㈱、昭和電工㈱、昭和飛行機工業㈱、商船三井オーシャンエキスパート㈱、㈱商船三井、商船三井タンカー管理㈱、JFEエンジニアリング㈱、JFEスチール㈱、JFEミネラル㈱、JRグループ、ジェイ・ワイ・テックス㈱、菅原建設㈱、信越化学工業㈱、住石ホールディングス㈱、住友大阪セメント㈱、住友化学㈱、住友金属工業㈱、住友金属鑛山㈱、㈱住友金属小倉、住友鋼管㈱、住友ゴム㈱、㈱住友電気工業、新日本海重工業㈱、新日本製鐵㈱、新明和工業㈱、鈴与㈱、㈱銭高組、第一中央汽船㈱、ダイキン工業㈱、ダイワボウホールディングス㈱、大同化学工業㈱、大同特殊鋼㈱、大成建設㈱、㈱太平製作所、太洋日本汽船㈱、太平洋興発㈱、太平洋セメント㈱、田岡化学工業㈱、㈱竹中工務店、龍田紡績㈱、立飛企業㈱、田渕電気㈱、玉井商船㈱、㈱丹野組、中越電気工業㈱、中央電気工業㈱、中外鑛業㈱、中国電力㈱、中国塗料㈱、敦賀海陸運輸㈱、鶴見曹達㈱、帝国繊維㈱、テイカ㈱、帝国窯業㈱、鉄建建設㈱、電気化学工業㈱、東亜建設工業㈱、東海カーボン㈱、東海汽船㈱、東海ゴム工業㈱、東急車両製造㈱、東京麻絲紡績㈱、東京瓦斯㈱、東京製綱㈱、東京製鉄㈱、㈱東芝、東芝機械㈱、東邦亜鉛㈱、東邦瓦斯㈱、東洋鋼鈑㈱、東洋紡績㈱、杤木汽船㈱、戸田建設㈱、トナミホールディングス㈱、土肥マリン観光㈱、飛島建設㈱、トピー工業㈱、Dowaホールディングス㈱、ナイガイ㈱、ナブテスコ㈱、直江津海陸運送㈱、㈱中山製鋼所、七尾海陸運送㈱、㈱名村造船所、西松建設㈱、野村興産㈱、新潟造船㈱、㈱ニッチツ、㈱ニチロ、日産化学工業㈱、日産自動車㈱、日鉄鉱業㈱、日新製鋼㈱、日本化学㈱、日本カタン㈱、日本カーバイド㈱、日本カーボン㈱、日本硝子㈱、日本乾溜㈱、日本軽金属㈱、日本建鉄㈱、日本高周波鋼業㈱、日本重化学工業㈱、日本車両製造㈱、日本水産㈱、日本製紙㈱、㈱日本製鋼所、日本曹達㈱、日本鋳造㈱、日本通運㈱、日本鉄板㈱、日本無線㈱、日本山村硝子㈱、日本郵船㈱、日本ヒューム㈱、㈱野上、萩森興産㈱、函館どっく㈱、パナソニック㈱、博多港運㈱、㈱間組、阪神内燃機工業㈱、日之出郵船㈱、日立航空機㈱、日立造船㈱、㈱日立製作所、平錦建設㈱、姫路合同貨物自動車㈱、廣島瓦斯㈱、備後通運㈱、㈱不二越、㈱フジタ、富士重工業㈱、富士電機㈱、富士紡ホールディングス㈱、古河機械金属㈱、フルチュウ㈱、古川電気工業㈱、伏木海陸運送㈱、北海道炭鉱汽船㈱、北越メタル㈱、保土谷化学工業㈱、マツダ㈱、㈱松村組、馬淵建設㈱、㈱マルハニチロ水産、㈱ミクニ、三井化学㈱、三井金属鉱業㈱、三井住友建設㈱、三井造船㈱、三井農林㈱、三井松島産業㈱、三菱化学㈱、三菱商事㈱、三菱重工業㈱、三菱伸銅㈱、三菱製鋼㈱、三菱倉庫㈱、三菱電機㈱、三菱マテリアル㈱、ミネベア㈱、明治海運㈱、明星セメント㈱、㈱宮地サルベージ、㈱未来図建設、向島ドック㈱、門司港運㈱、森永製菓㈱、矢橋工業㈱、㈱矢野鐵工所、山文油化㈱、ヤンマー㈱、横浜ゴム㈱、㈱ヨータイ、㈱吉年、吉澤石灰工業㈱、㈱淀川製鋼所、ラサ工業㈱、㈱リーガルコーポレーション、㈱リコー

エレメックス㈱、燐化学工業㈱、りんかい日産建設㈱、㈱リンコーポレーション、和光堂㈱

大韓民国歴史博物館

ソウルの中心部にある光化門の近くに「大韓民国歴史博物館」という国立の博物館があります。ここには主として一九四五年に独立した後の歴史的資料が展示されており、いかに戦後韓国人が頑張って今日の繁栄を築いたかを振り返り、国民に自信を持たせることを目的としているように感じました。但し、文在寅大統領が「民主勢力を弾圧した独裁者」として最も嫌っている李承晩や朴正熙もここでは「功労者」として扱われており、やがて文政権によってその展示内容も変わってくる可能性はあるかもしれません。

念のために反日的なものは全くないか確認してみたところ、やはりここにもありました。子供コーナーに置いてある絵本を見ると反日で満載でした。出っ歯で恐ろしい顔をした日本の憲兵が朝鮮人の母子を脅かしている絵が描かれ、「日本の憲兵は鬼のようだった」と書いてあります。別のページには日本の官憲が「独立運動家」を引っ立て、拷問している絵まであります。これを四歳から五歳の子供が読んでいるのでしょう。この国では「日本憎し」の感情を子供に植えつけることが最優先であり、子供たちの心の発達にどのような影響を与えるかなど二の次

「ツナミ」という愛称が付けられたソウル市庁新庁舎（筆者撮影）

三の次のようです。

因みに、この博物館から歩いて五分程度のところにソウルの旧市庁があります。日本統治時代に建てられた立派な建築物ですが、手狭となったため現在は図書館となっています。二〇一二年に隣接して大きな新庁舎が建てられましたが、ご覧の通り、どう見ても「日本統治時代の残滓」である旧庁舎を津波が呑み込もうとするデザインです。地元民はこれに「ツナミ」という愛称をつけ、設計者も「津波といわれるのが醍醐味」と喜んでいるそうです。

東日本大震災で痛手を受けた日本国民の一人として、写真を撮る手が震えました。

記憶の場

二〇一六年八月二九日、ソウル市内南山のふもとにある南山公園に、ソウル市と市民団体が「旧日本軍の従軍慰安婦問題を後世に伝えるため」として「記憶の場」という広場を造成しました。

ここは韓国が日本の保護国であった一九〇五年から一九一〇年まで、日本の統監の官邸があった場所です。完成記念式典には元慰安婦を含む計約一二〇人が出席し、朴元淳（パクウォンスン）ソウル市長は挨拶で「悲しく苦しい植民地支配が繰り返されないよう、（広場を）整備した」と述べています。広場には「歴史を見つめる」大きな目が描かれ、背後の石壁には「我々にとって最も恐ろしいことは、我々の辛い歴史を忘れてしまうことだ」というタイトルが書かれています。その下には元慰安婦たちの「証言」なるものが列記されており、最初の一文はこのように始まっています。

私は十二歳、お姉さんと一緒に青菜を摘んでいるところに、車がやってきて帽子をかぶった人が車に乗れと言った。二人が抱き合っていると、私を蹴飛ばして姉の頭を掴んで車に押し込んだ。私が泣くと私も一緒に捕まってしまった……。

石壁には元慰安婦が描いた「日本軍に連行される慰安婦の絵」を拡大したレリーフもあります。そしてこの「記憶の場」の碑文には次のような「決意」が刻まれているのです。

侵略戦争中である日本軍の性奴隷として連れて行かれた少女たちは、現地で虐待を受け、死んだり、病気にかかると捨てられた。解放されたといっても、満身創痍の体で危険な帰国への道で倒れたり、動きがとれないまま知らない他国で息をひそめながら暮らすしかなかった。さんざん苦労して故郷にたどり着いても、誰もが彼女たちの苦痛に知らぬ顔をし、共同体は彼女たちを排除した。解放された祖国にあっても、彼女たちの身の上は政府や目撃者から無視され、沈黙を強要された。しかし半世紀ぶりに沈黙を破り、被害者たちは世の中に向かって真実を叫んだ。街頭で、裁判所で、世界各地の人権舞台で、反人類的戦争犯罪の被害者であったが、堂々と平和人権活動家として活躍されたハルモニ（おばあさん）たちのメッセージを継承しようという決意を示すために、社会団体、政界、女性界、学会、文化人界、独立運動家の子孫などが集まり、「『記憶の場』造成国民募金」を開始した。

そして一九七五五人が参加して目標額が達成され、ソウル市の協力でこの「記憶の場」ができた。「記憶の場」がハルモニたちを永遠に記憶し、この地に真の正義と平和が宿るようにするための学びの場であり、思索の場となることを期待する。

広場の上には「ソウル・ユースホステル」があり、韓国の青少年と共に外国の若者が多く宿泊しています。宿泊客のほとんどは、この広場の横の道を歩いて通るため、必ずこの大きな「目」が目に入り、興味を持つ仕組みになっているようです。

日本の保護国だった時代、この広場付近には統監府官舎もあり、跡地の一角には元駐韓公使林権助の碑が逆さまに立っていました。彼は日韓併合の推進者と見なされ、時の国王であった高宗を無理やり退位させた張本人となっており、「地獄に落ちろ」という復讐の意味を込めて、彼の名前が刻まれた碑を、逆さまにして地面に突きたてているのです。

(注1) 教科書書き換え騒動とは、一九八二年六月二六日に文部省(当時)の高校教科書検定で中国華北地方への日本軍の「侵略」を「進出」に書き換えさせたとマスコミが一斉に報道し、後に全くの誤報であることが判明した事件。この事件がもとになり「教科書の記述内容は近隣諸国に配慮すべし」という「近隣諸国条項」が政府によって策定され、今日に至るも「真実の歴史」を日本の教科書に記述する上での障害となっている。

(注2) 一九一〇年に「日韓併合ニ関スル条約」に調印した当時の大韓帝国の首相。

(注3) 二〇一八年七月に、名称を「日本軍性奴隷制問題解決のための正義記憶連帯(正義連)」に変更した。理事長には、韓国挺身隊問題対策協議会(挺対協)の尹美香常任代表が就任。

(注4) パンフレットの内容については『歴史通』(ワック)平成二九年四月号「韓国日帝強制動員歴史館の嘘八百」三輪宗弘より引用。

「記憶の場」入口付近

逆さまに突き立てられた碑

「記憶の場」モニュメント。向かって右側に慰安婦の絵

第十一章　慰安婦像と徴用工像

日本公館前の「呪い」の像

筆者は現地ルポの一環で、在韓国日本大使館前にある慰安婦像を視察しましたが、現地に着いて見ると、像の周りは反日をテーマにした「お祭り騒ぎ」状態になっていました。

像の横にはビニールテントが張られ、「慰安婦像を守るため」といって女性が数人詰めていましたが、なんだか「女子会」のようなムードが漂っています。

大使館向こう正面の塀には慰安婦像のイラスト入りの大きな横断幕が掲げられ、「我等が守る！　少女像を籠城で守る者募集」と書かれています。日本を叩くのがとても楽しそうです。

歩道には「平和の碑」なるものが埋められており、次のように韓国語、英語、日本語で書いてありました。

一九九二年一月八日、「日本軍慰安婦問題」解決のための水曜デモがここ日本大使館前で始まった。二〇一一年一二月一四日、一〇〇〇回を迎えるにあたり、その崇高な精神と歴史を引き継ぐために、ここに「平和の碑」を建立する。

歩道の端には「真実のためにここに立った女性」と表示された金色のプレートがいくつも埋め込まれており、その一つ一つに元慰安婦の名前が記載され、韓国語と英文で「日本軍慰安婦被害者一六歳で中国に連れて行かれた」などの説明がついています。

慰安婦像の後ろの塀には「Japan must apologize（日本は謝れ）」「おばあさんたちは亡くなったが、私たちの記憶に残ります」などと書かれた、膨大な数の蝶々を模った「絵馬」が貼られていました。

この場所では、小学生までが「日本は謝罪しろ、恥を知れ！」と叫んでいるそうです。

このような日本への「恨みつらみ」の言葉に囲まれながら、慰安婦像は日本大使館をじっと睨み続けているのです。まるで日本の破滅を願う「呪いの像」に見えてきて背筋がゾッとしました。

釜山の日本総領事館前に建てられている慰安婦像も視察しましたが、こちらは歩道上のわずか数メートルの距離から領事館の石塀を凝視しています。ソウル日本大使館前のようなお祭り騒ぎはここではありませんが、静かな分だけ不気味で凄みすらあります。

それにしても、これほど徹底して外国公館を侮辱する国がどこにあるでしょうか。外国公館の尊厳と安寧を守るウィーン条約に違反していることは明らかであり、なぜ日本政府も日本大使館も即刻撤去を要請しないのか不思議でなりません。

韓国内は慰安婦像だらけ

日本公館の前だけではありません。今や韓国中が慰安婦像だらけになってしまいました。二〇一四年には名門の梨花(イファ)女子高が中心となって慰安婦像を建てるための募金活動が行われ、全国五三高校一万六千名の生徒が賛同して一年後に像は完成。ソウルのフランシスコ教育会館に設置されました。韓国の聯合ニュースは、これを美談として取り上げ「像を設置した高校生たちは、多くの学生が慰安婦問題に関心を持って欲しいと願っている」と絶賛しています。韓国の高校生たちは、「日本軍は朝鮮の女性に対し世界でも類を見ない蛮行を犯した」と純粋に信じ込み、道徳的高みに立って日本を見下しながら、像の設置を「良心的行為」として行ったわけです。もはやカルト宗教のレベルといってもいいでしょう。

こうした草の根の反日宗教活動が「韓国の良心」として全国に浸透し、次々に慰安婦像が韓国内で立てられ、二〇一七年一月三〇日現在で六〇体になった模様です。そのうち日本の自治体と姉妹都市関係にある先は次の通りです（注1）。

韓国の道	市・郡	慰安婦像の数	日本の姉妹都市
	ソウル特別市	5	東京都、北海道 東京都墨田区、愛知県田原市
京畿道	富川	1	岡山県岡山市 神奈川県川崎市
	烏山	1	埼玉県日高市
	軍浦	1	神奈川県厚木市
	高陽	1	北海道函館市
	始興	1	東京都八王子市
	水原	1	福井県福井市 北海道旭川市
江原道	原州	1	岐阜県美濃市
	江陵	1	埼玉県秩父市
忠清北道	清州	1	鳥取県鳥取市 山梨県甲府市
忠清南道	大田	1	北海道札幌市
	唐津	1	秋田県大仙市
	瑞山	1	青森県田子町 奈良県天理市
慶尚北道	浦項	1	広島県福山市 新潟県上越市
慶尚南道	蔚山	1	山口県萩市 新潟県新潟市
	南海	1	鹿児島県伊佐市
	釜山	2	山口県下関市 福岡県福岡市、北海道
	昌原	1	広島県呉市 兵庫県姫路市
	巨済	1	福岡県八女市
全羅北道	全州	1	石川県金沢市
全羅南道	務安	1	愛知県北名古屋市
	光州	1	宮城県仙台市
	順天	1	鹿児島県出水市
	木浦	1	大分県別府市
済州特別自治道	済州	1	大分県別府市、東京都荒川区 兵庫県三田市、和歌山市

《慰安婦像を設置した韓国の自治体と日本の姉妹都市》

本書第四部で書きますが「慰安婦強制連行」は全くの虚構です。サン・フランシスコ市が公有地に慰安婦像設置を許可したことから、大阪市は同市との姉妹都市解消を決定しました。日本の名誉を守ると共に、韓国側に真実を訴えるために、他の日本の自治体も姉妹都市関係先に慰安婦像があればその撤去を促すべきです。そしてそれが実現できなければ日本人の誇りにかけて姉妹都市を解消すべきでしょう。

海外で続々建てられる慰安婦の像と碑

河野談話（二〇四ページ参照）で「日本が強制連行を認めた」と解釈した韓国は、行け行けドンドンで世界中に慰安婦の像や碑を建て始めました。二〇一八年七月現在までに建てられた場所は次ページの表の通りです。

アメリカ・ニュージャージー州には既に五件あり、そのうち四件が公有地に建てられています。同州では日系アメリカ人や日本人子弟に対するいじめが激化しており、耐えかねた母親たちが立ち上がって「ひまわりJapan」というグループを作り、日本人への誤解と偏見を糺すための戦いを始めました（いじめの実態がどれだけひどいか「ひまわりJapan」をネットで検索して頂ければ詳細が出ています）。

同州フォートトリー市ではアメリカで一番最近「慰安婦の碑」が建てられており、その除幕式に出向いた同グループのメンバーからは次のような報告が日本に届きました。

日付	国・州	都市	場所・建造物
2010.10	アメリカ ニュージャージー州	バーゲン郡 パリセイズパーク市	図書館 碑
2012.6	アメリカ ニューヨーク州	ナッソー郡	アイゼンハワー公園 碑
2012.12	アメリカ カリフォルニア州	オレンジ郡 ガーデングローブ市	私有地 碑
2013.3	アメリカ ニュージャージー州	バーゲン郡 ハッケンサック市	裁判所 碑
2013.7	アメリカ カリフォルニア州	ロサンゼルス郡 グレンデール市	中央公園 像
2014.1	アメリカ ニューヨーク州	ナッソー郡	アイゼンハワー公園 碑（2基目）
2014.5	アメリカ バージニア州	フェアファクス郡	郡庁舎の敷地内 碑
2014.8	アメリカ ニュージャージー州	ハドソン郡 ユニオンシティ市	広場 碑
2014.8	アメリカ ミシガン州	デトロイト市	韓国系米国人文化センター 私有地 像
2015.11	カナダ	トロント市	韓人会館　私有地 像
2016.8.6	オーストラリア ニューサウスウェールズ州	アッシュフィールド	教会私有地 像
2017.4	ドイツ バイエルン州	ウィーゼント市	
2017.4	ネパール	ヒマラヤ	パビリオン園 私有地 像のみ 碑文撤去
2017.6.30	アメリカ ジョージア州	ブルックヘブン市	公園 像
2017.7	アメリカ ニュージャージー州	バーゲン郡 フォートリー市	クリフサイドパーク 教会 碑
2017.10.13	アメリカ ニューヨーク州	マンハッタン区	ニューヨーク韓人会 博物館　像
2017.9.22	アメリカ カリフォルニア州	サン・フランシスコ市	セントメアリー公園 像
2017.12.8	フィリピン	マニラ市	像 → 2018.4.27 撤去
2018.5.23	アメリカ ニュージャージー州	バーゲン郡 フォートリー市	碑

《慰安婦像および碑が設置された世界各国の都市》

除幕式はフォートリー市長のSokolich氏の挨拶から始まり、この碑の立案グループであるフォートリーハイスクールの韓国系生徒の詩の朗読（慰安婦碑に刻まれている詩）や、フィリピン系アメリカ人弁護士の挨拶などがありました。この女性弁護士の挨拶では、自分は五年前にこの慰安婦について調べ、一四歳や一七歳の少女が何度も何度もレイプされたなど、日本軍の名前も出し、性奴隷という言葉を使い、日本を貶めるスピーチでした。（中略）また主催者側は、中国、台湾、マレーシア、インドネシア、フィリピン、タイ、ベトナムの国旗のバナーを立て、あたかも韓国を含むアジア各国で、日本軍による犯罪が行われたように演出していました。

本来なら退役軍人であり、地元フォートリーの名誉市民である日系アメリカ人の方が、当日コミュニティーの分断ではなく団結を訴えるスピーチをするはずでした。しかし最終的に韓国側からスピーチさせるには、慰安婦問題についての韓国側の主張を全面的に認め、賛同費用を出すことまで要求され、スピーチは諦めざるをえませんでした。

このフォートリー市においては、市民の三〇％以上が韓国人という数と資金と組織力に完全に負けました。しかしこれがアメリカ各地に広がり、韓国人による捏造された歴史がますます広まっていくことを懸念しています。アメリカの学校教育の中にも、こうした韓国によって捏造された歴史があたかも真実としてアメリカ人の子供たちに着実に教えられ始めています。アメリカに住んでいる日本の子供たちが、日本人として誇りを持ってこのアメリカで生きていけるよう、私たち「ひまわりJapan」は、慰安婦問題に関する書籍も英語と日本語を用意し、日本人保護者だけでなく、日本人の子供たち自身にも本当の日本の歴史を理解してもらうため、日本人補習校、現地校にもお配りし、また ご希望の方にはいつでも無料で差し上げております。

今後とも皆さまからのご支援、ご尽力を賜りますよう、宜しくお願い申し上げます。

この式典の最後には、韓国人の老人が出てきて、片言英語で〝Japanese, 100% guilty !!（日本人は一〇〇パーセント有罪！）〟と叫んだそうです。

韓国人が海外で慰安婦の像や碑を建てるために狂奔するのは、日本を貶めて「復讐」を達成したいという心理が作用していることは既に述べました。それによって日系人や日本人が軽蔑されいじめられることこそ彼らの目的であり、それが永遠に続くことを願っているはずです。そこには和解の余地などありません。

これは民族の将来を左右する一種の「戦争」であり、現地の日本の母親たちは今孤立無援の中で必死に戦っているのです。国民の生命と財産、さらに名誉と誇りを守ることは国家の第一義的な義務です。ならば日本政府も外務省もそして議会も、即刻全面的にこの戦いをバックアップすべきでしょう。「モリ・カケ」などでバカ騒ぎしている場合ではないはずです。

新たに立てられ始めた「徴用工の像」

慰安婦像の男性版として、近年韓国では徴用工の像なるものを建て始めました。二〇一七年八月一二日にはソウル市のターミナル駅である龍山駅前と仁川市内の公園内に設置されています。同日龍山駅前では、像の設置を記念する式典があり、韓国の二大労組である全国民主労働組合総連盟（民主労総）と韓国労働組合総連盟（韓国労総）の組合員が大勢集まり、文在寅政権の与党である「共に民主党」の禹元植（ウウォンシク）院内代表も挨拶しました。

彼は「この像を設置するのは実に意味があることです。全世界にこのような像を建て続け、世界中の人々が日帝占領期に強制徴用された労働者の姿を記憶すべきです」と述べています。韓国として、これから慰安婦像と共に徴用工の像も世界中に建てることを宣言したようなものです。

筆者も龍山駅前の現場を訪れましたが、徴用工の像だけが単独で設置されているのではなく、その周りに複数の碑が建てられています。そして一番大きな碑にはこう書いてあります。

日帝強占期（日本統治時代の意味）多くの朝鮮人労働者たちがここ龍山駅に強制的に連行されてきました。龍山駅に連れてこられた彼らは日本国内はもちろんサハリン（樺太）、南洋群島、クリル列島（千島列島）などの鉱山、軍需工場、土木工事現場に連れて行かれ、人間としては想像もできない劣悪な環境の下で搾取されました。彼らが最後に故郷の地を離れたここ龍山駅に「強制徴用労働者像」を建立し、我々の辛い歴史を忘れないようにしたいと思います。悔しさの中で犠牲になった朝鮮人労働者の「恨み」を我々の手で解きほぐしてやろうと思います（カッコ内は筆者）。

この碑の周りにはブロックを積み上げた碑がいくつもあり、ブロックの一つ一つに「忘れません。行動します」「日本は強制徴用歴史を認定し公式に謝罪しろ！」といった文句が書かれています。

老婆が遺影を抱き、手紙を握った姿を刻んだ碑もあり、「徴用で夫を奪われ、一枚の写真と手紙だけで恨み多き人生を生きてきた光州のあるハルモニ」という説明がついています。

前に触れましたように、明治時代に他の炭鉱で撮られた写真を「虐待される朝鮮人徴用工」としたレリーフもあります。毎日何万という老若男女がこれらを横目で見ながら通り過ぎてゆくのです。その心には、日々日本人への「憎悪」と「恨み」が蓄積しているでしょう。

徴用工の像は同年一二月七日に済州市旅客ターミナル前にも設置されており、さらに「日帝強占被害者全国連合会」（以下連合会）はソウル日本大使館の慰安婦像の横に建てる計画を発表しています。連合会は日本統治時代に日本企業で強制的に働かされた元徴用工やその遺族と称する人たちの団体であり、連合会の張徳煥（チャンドクファン）事務総長は設置目的を次のように説明しています（注2）。

「我々がこの地に労働者の像を設置する理由は、日本を代表する外交官らが少女像と労働者像を目の当たりにすることによって自分たちの過ちを常に記憶し、反面教師としてもらうためだ」

二〇一八年五月には、釜山日本総領事館前の慰安婦像の隣に、徴用工の像を建てようとする騒ぎがありました。このときは機動警察がこれを阻止しましたが、設置推進派は簡単に引き下がらないでしょう。慰安婦像はそのままにして徴用工の像だけを建てさせないのは彼らにとって筋が通らないからです。このような騒動がこれからもソウルや釜山で際限なく繰り返されることになるのでしょうか。

グロテスクな独善に走る人々

戦後の日韓関係を振り返ると、韓国が過去を持ち出して日本をちょっと恫喝すれば、日本は何の反論もせずに、「ハハッ悪うございました」といってペコペコ頭を下げ、すぐにお金も出してきました。

このようにいつも日本が韓国への配慮を優先して、その要求を丸のみしてきたことで、韓国人の外交感覚も市民感覚も麻痺してしまったようです。

二〇一七年八月一四日には、ソウル市内循環バスの席にまで慰安婦像のレプリカが設置されました。車内には少女が村から連れ出される様子を再現した悲痛な叫び声が流れます。そしてこのレプリカ像に朴元淳ソウル市長が寄り添っている写真が世界に発信されました。

日本政府が韓国側の傍若無人な態度に反発も示さず、ひたすら低姿勢で応じてきたために韓国側は自信過剰となり、弱虫な日本はどれだけ叩いても構わない。むしろ日本を叩けば叩くほど、世界中から韓国に多くの同情が集まると錯覚してしまったのではないでしょうか。

もはや自分たちの行為に歯止めがきかなくなり、それがどれほど世界の常識から外れた、グロテスクで独善的なものであるかに気づくことさえできなくなったようです。

世界中に慰安婦像を建てていますが、「韓国の男たちは女性を守ろうともしなかったのか」

と外国人が心の中で呆れていることも分かっていません。その上、徴用工の像まで作ってしまえば、「何とふがいのない憐れな民族なんだ！」と世界から蔑まれるだけなのです。

（注1）平成二九年一月三〇日付『夕刊フジ』「細谷清氏緊急寄稿」より

（注2）『SAPIO』二〇一七年一〇月号「慰安婦像、徴用工像を作って世界に拡散させるキム夫妻を直撃」竹中明洋より

ソウル・日本大使館前慰安婦像

釜山・日本総領事館前慰安婦像

第十二章　日本企業に牙をむく韓国の司法

最高裁判所が「個人の請求権は有効」と判断

二〇一一年八月に韓国憲法裁判所は、「韓国政府が日本軍『慰安婦』被害者の賠償請求権について具体的解決のために努力していないのは憲法違反にあたる」との判決を出しました。韓国との賠償問題は、全て一九六五年に締結された日韓基本条約に付随する「日韓請求権並びに経済協力協定」により「完全かつ最終的」に解決しており、それまでは韓国政府もそのような立場をとってきました。しかし、憲法裁判所の判断には、韓国政府も従わざるを得ません。この判決が出て以降、慰安婦問題をめぐって韓国が日本に対して強硬な姿勢を取るようになったのです。まさに、司法が韓国政府に日本との外交戦争発動を命令した判決でした。

このような動きに刺激を受けて、元徴用工やその遺族と称する人々は、韓国内で日本企業に対して賠償を求める訴訟を次々に起こしました。

以前、日本で起こされた同種の訴訟では、日本の最高裁判所が「日韓請求権並びに経済協力協定」を根拠に「個人の請求権は行使できない」との判断を下しています。ところが韓国の最高裁判所では二〇一二年五月に新日鉄（現・新日鉄住金）と三菱重工を相手取った裁判で「個人の請求権は有効」と判断し、原告敗訴の原判決を破棄して、事件を高裁に差し戻してしまいました。その折の韓国最高裁の見解は、次の通りです。

日本の判決は植民地支配が合法であるという認識を前提に国家総動員法の原告への適用を有効であると評価しているが、これは日本による韓国支配は違法な占領に過ぎず強制動員自体を違法と見なす韓国憲法の価値観に反していることが明確である。

なんと身勝手なのでしょう。前に述べました通り「日韓併合」は完全に合法です。そして何よりも事後法である韓国憲法で、日本統治時代のことを裁けるはずがありません。

韓国憲法の価値観に反しているといいますが、韓国憲法が制定されたのは一九四八年であり、その後九回も改正されてきました。

韓国最高裁の見解が正しければ、条約を破棄したり、外国に賠償を求めるには、新しく憲法を作るか現行憲法を改正して「憲法の価値観に反する」とやればよいことになります。近代社会において、そのようなことが通るとでも思っているのでしょうか。

相次ぐ日本企業への賠償命令

この最高裁判断による差し戻し控訴審の判決で、ソウル高裁と釜山高裁はそれぞれ二〇一三年七月、先の両社に対し戦時徴用者への損害賠償を命じました。続いて一一月には光州地方裁判所が、三菱重工業に対して元挺身隊の女性に対する賠償金の支払いを命令しました。ついに司法が日本企業へ直接牙をむいてきたのです。

その後、日本企業相手の訴訟は激増し、二〇一七年八月一八日現在で、少なくとも一四件の訴訟が発生しています。そのうち一二件で原告が勝訴し、現在最高裁で係争中です。参考までに直近の主な判決は、次ページ表の通りです。

文在寅大統領「徴用工南北共同調査を」

二〇一七年八月一五日、文在寅大統領は日本から独立した日を祝う「光復節」の記念式典で、「強制動員の苦痛は続いている」と徴用工問題に言及し、「被害規模の全ては明らかにされておらず、政府と民間が協力して解決しなければならない。今後北朝鮮との関係が改善すれば、南北共同での被害の実態調査を検討する」と述べました。さらに慰安婦問題と徴用工問題に関し

日付	裁判所	被告企業	原告	賠償命令
2014年10月	ソウル中央地裁	不二越	元女子挺身隊13名 遺族18名	1名あたり8000万～1億ウォン
2015年6月	光州高裁	三菱重工業	徴用されたという韓国人女性と遺族5名	総額5億6208万ウォン
2015年11月	ソウル中央地裁	新日鐵住金	元徴用工7名	1名あたり1億ウォン
2016年11月	ソウル中央地裁	不二越	元女子挺身隊5名	1名あたり1億ウォン
2017年8月	光州高裁	三菱重工業	元女子挺身隊3名 遺族1名	総額4億7000万ウォン
2017年8月	光州地裁	三菱重工業	元女子挺身隊1名 遺族1名	総額1億2325万ウォン

《韓国における戦時中の日本企業に対する賠償請求とその判決》

て、「解決には人類の普遍的価値観や国民的合意の上での被害者の名誉回復と補償、真相究明と再発防止の約束という国際社会の原則がある」「日本の指導者の勇気ある姿勢が必要だ」とまで言ってのけました。

既述の通り、日韓の補償問題は日韓請求権並びに経済協力協定によって決着しています。にもかかわらず、文在寅大統領はこともあろうに北朝鮮と組んで問題を蒸し返し、日本叩きをやろうというのです。

続く八月一七日には文在寅大統領就任一〇〇日目の記者会見があり、そこで彼は「両国の合意があったとしても、強制徴用者個人が三菱などの会社を相手とする民事上の権利が残っているというのが大法院（最高裁）の判例だ」との見方を示しました。反日に凝り固まった盧武鉉元大統領でさえ、徴用工問題は「解決済」としていたのですが、「民事上の権利は残っている」と嘯（うそぶ）く文在寅大統領の親北反日は、筋金入りのようです。

その後、聯合ニュースが大統領府関係者の話として伝えたところによると、文氏は八月二五日の安倍首相との電話会談で、一七日の記者会見で「個人の請求権は残っている」との見解を示したことに関し「国家間の問題ではなく、被害者と企業間に残っている個人的請求権まで解決したのではないという趣旨の（最高裁の）判決について話した」と安倍首相に説明したそうです。

その上で「この問題が未来志向的な関係発展の足かせにならなければいい」と続けたといいます。このニュースを聞いて、日本のマスコミは「文在寅が見解を修正した」とコメントしており、日本の政治家たちもこれで安心してしまいました。

ところがよく考えれば、少しも修正になっていません。「被害者は企業に対して個人的請求権が残っている」ということを裏返しで言っただけです。また、本当に日本ともめないようにする意思があるのなら「関係発展の足かせにするつもりはない」と言うはずです。徴用工問題を蒸し返したい気持ちがあるからこそ、他人事のような言い回しでぼかしたに違いありません。

事実、文在寅はその後も「最高裁の判決を尊重する」という立場は変えておらず、大統領権限で「人権派」で名高い前春川地方裁判所長の金命洙（キムミョンス）を新しい最高裁長官に指名し、二〇一七年九月二一日に国会の承認を得ています。それが何を意味するか、誰の目にも明らかでしょう。

法律より「情」が優先の「情治国家」

それにしても国家間で正式に取り決めたことまで、どうしてこの国はいとも簡単にひっくり返そうとするのでしょうか。

実は韓国には法治国家ではありえない「国民情緒法」というのが存在します。もちろん成文法ではありません。有力紙中央日報は「一部の市民団体や学者の意向によって具体化され、メディアが後押しすれば『制定』される。憲法の上に君臨する」と説明しています。さらに「司法は法解釈に厳格になるだけでなく、国民感情に配慮すべき」と大学教授までが堂々とテレビで論評しています(注1)。つまり、国民感情が憲法や法律に優先するという考え方です。

もともと韓国では、「決まり」にとらわれず必要に応じてなんでも柔軟に対応すべきという考え方が根強く、法律にばかり固執する人間は「情」がないと非難されてしまいます。順法精神の希薄さは、規律を重視する日本人から見れば単なる「甘え」に過ぎませんが、「情」の民族と自負する韓国人には「法」より「情」が大切なのでしょう。

このため立法府は世論に配慮して、近代法治国家ではありえない「遡及法」をいとも簡単に制定します。司法界も国際法や条約などおかまいなし、憲法裁判所や最高裁ですら、「国民情緒」を国家間の条約より上位に位置づけて判断を下してきたのです。

康京和（カンギョンファ）外相は、外国メディアとの記者会見で、元徴用工が日本企業を相手取った訴訟について、「法治国家として（最高裁の）判決を尊重しなければならないのは明らかだ」と述べましたが、もはやブラックジョークと言うしかありません。

国と国との約束を守るかどうか、その時々の国民感情によって左右されるような国とどうして安心してお付き合いできるでしょうか。せめて「国民情緒法」を成文法にしてもらいたいものです。

原告が勝てば日本企業の資産を「差し押さえ」

先述の通り、韓国内の地方裁判所や高等裁判所の判決では、日本企業の敗訴が続いており、現在最高裁判所の最終判断待ちの状態です。最高裁判所も事の重大性を認識しているようで、四年以上審理を留保してきました。しかし、平成三〇年七月二八日付読売新聞朝刊によれば、ついに審理再開が決まったそうです。

最高裁判所は二〇一二年に「個人の請求権は有効」として原告敗訴の原判決を破棄して高裁に差し戻しています。しかも現在の最高裁判所長官は文在寅大統領の推しで就任した人権派の人物です。さらに「国民情緒」も原告を圧倒的に支援しています。最高裁の最終判断は「日本企業敗訴」となる可能性が極めて高いでしょう。

日本側の最終敗訴が確定すれば、「国立日帝強制動員歴史館」にリストアップされた二六六社の全てが訴訟の対象となりかねず、その場合の訴訟総額は二兆円に上ると見られています。

もし賠償命令が出て、被告側がこれを拒否すれば、対象である日本企業の在韓資産が差し押さえられることが予想されます。さらに原告側の弁護団には、ドイツ企業を相手取った戦後賠償裁判を担当した米国人弁護士もおり、韓国で勝訴すれば被告企業の米国法人の資産を差し押さえる手続きを進める方針であることを明らかにしています。

それだけではありません。日本による朝鮮統治自体が「違法な占領」という司法判断が確定すれば、徴用工問題や慰安婦問題どころか、日本統治下のあらゆる出来事が対日訴訟の対象になり得ます。そうなれば日韓関係は完全に破綻し、日本列島全体がパニックになるでしょう。

徴用工裁判の本当の恐ろしさがそこにあります。後に述べますように、日本政府として最悪を想定し、万全の対策を打っておかねばなりません。

（注1）二〇一三年七月二八日付讀賣新聞朝刊「韓国外交ゆがめる『情緒法』」より

軍艦島

第四部　「強制連行」のまぼろし

韓国が捏造した歴史は、私たちが油断している間に韓国内で拡大再生産されており、日本人への「憎悪」が自己増殖しています。放っておけば反日感情は抑制不能となって日韓関係は破綻し、「嘘」が世界に定着して日本人は永久に貶められることになるのです。

第四部では、韓国の主張がいかに事実を歪曲・捏造したものであるかを指摘し、歴史の真実を明らかにした上で、歴史問題で溝が深まってしまった日本と韓国が、真の和解に至るための唯一の道について述べたいと思います。

第十三章　徴用工は「強制連行」ではない

虚構の新造語「朝鮮人強制連行」

「朝鮮人強制連行」なる言葉が初めて登場したのは、雑誌『世界』（一九六〇年九月号）に掲載されたルポライター藤島宇内（うだい）氏の論文の中です。その後は特殊用語として、ごく一部の研究者の間のみで使われていました。ところが、一九六五年に朝鮮大学校の教員であった朴慶植氏が『朝鮮人強制連行の記録』と題した本を発表したことで、「朝鮮人強制連行」なる新造語が市民権を得ることになりました。

一九六五年六月に締結された日韓基本条約によって両国は国交を回復しましたが、この本はその直前の四月に出されており、まえがきには次のように書かれています。

> 現在のアジア情勢、特に朝鮮と日本を取り巻いている現状は重大である。アメリカ帝国主義の指図の下で強行されている『日韓会談』は今から九〇 - 六〇年前に日本帝国主

義が朝鮮に侵入し、強奪を進めた情勢をほうふつさせるものがあり、現在日本独占資本はアメリカ帝国主義を背景にして堰を切っておとすがごとく、南朝鮮に進出しつつある。

これでお分かりのように、この本の内容は、当時日本政府と韓国の朴正熙政権とが進めていた日韓交渉を妨害するための、北朝鮮のプロパガンダに過ぎませんでした。

その中に「日本が無理やり朝鮮人を『強制連行』して日本の炭鉱などでこき使い、虐待した」という一文があり、左翼ジャーナリストをはじめとする反日日本人はこの言葉に飛びついたのです。その後、朝日新聞など（韓国・北朝鮮にとって）良心的なマスコミが、「朝鮮人強制連行」という用語を堂々と使い始めました。こうして「朝鮮人強制連行」は全くの「虚構」でありながら、ついにそれが日本語として定着してしまったのです。

日本統治時代、朝鮮人は法的に優遇されていた

日本統治時代は朝鮮人も日本国民であり、日本の法律によって保護されると共に、それを守る義務がありました。では当時の法令は朝鮮の人々に日本人以上の負担を強いていたのでしょうか。

とんでもありません。実態はむしろ逆でした。朝鮮の人々は併合後一〇年間も所得税を免除されていました。初等教育費用は「朝鮮学校費令」により「在鮮日本人」は一九三七年現在で朝鮮人より何と八倍近くを負担していました（注1）。

「国民皆兵制度」も、朝鮮人には長期間適用されませんでした。朝鮮で徴兵制が導入されたのは、大東亜戦争も終わりに近づいた昭和一九（一九四四）年四月であり、実際に召集が始まったのは、同年九月からです。

しかも、この時召集された朝鮮人兵士は、訓練中に終戦となったため、実際に戦場に出ることはありませんでした。日本政府は、朝鮮の人々を戦場に駆り立てることを最後まで躊躇したのです。イギリスが大東亜戦争初期にインド植民地軍を組織して日本軍と戦わせたのとは大違いです。

「徴用令」も同じです。昭和一四年、国家総動員法第四条に基づき、国民を徴用して指定された職場で働くようにするための「国民徴用令」が発令されました。しかし、朝鮮半島で同様の法令が発動されたのは、昭和一九年九月のことでした。しかも女子については、朝鮮半島では最後まで発動されていません。朝鮮の独身女性の中の一部が「女子挺身隊」に参加して工場で働いていますが、全て志願によるものでした。

法律上では同じ日本人でありながら、明らかに朝鮮の人々の負担を内地の日本人より軽くしていたのです。

朝鮮半島からの労働力移入を制限していた日本政府

戦前の一時期、純朴な朝鮮の農民たちが、十分な教育も受けず日本語が未熟なまま、高額の賃金を求めて生存競争の激しい内地へどっと流入したために、日本社会でいろいろな摩擦が生じました。安い賃金で日本人労働者の職を奪うこともあり、労務管理や治安をめぐる問題も頻発しました。

このため日本政府は、就職や生活の見通しがついていない朝鮮人の日本への渡航は、極力制限しました。日本への渡航には証明書や戸籍謄本の提出が義務づけられ、釜山など出港地において、就職先や滞在費を持たない者に日本行きを諦めさせる、「渡航諭止制度」なるものまで設けていたのです。

因みに、昭和八（一九三三）年から一二（一九三七）年までを見ると、渡航を出願した者一〇八万八〇〇〇人（百人以下四捨五入、以下同様）の中で、六〇％の六五万二〇〇〇人が諭止されています（注2）。

労働者募集は全て合法的に行われた

朴慶植氏は『朝鮮人強制連行の記録』の中で次のように書いています。

昭和十四年の「募集」段階から、計画的に「連行」が実施され、「強権的な拘束」によって朝鮮人は大部分が行方も知らされずに連行された。この「募集」よりもより強制的な連行政策が「官斡旋」であり、さらに「強権的な日本への連行」が「徴用」である。

しかしながら、「募集」も「官斡旋」も「徴用」も全ては日本の法律に基づき、合法的に行われたものでした。ではこれらが実際にはどのようにして行われたかを、これから検証してみましょう。

なお、朝鮮人労働者の実態や数字につきましては、杉本幹夫氏『「植民地朝鮮」の研究』(展転社)、森田芳夫氏『数字が語る在日韓国・朝鮮人の歴史』(明石書店)、鄭大均氏『在日・強制連行の神話』(文藝春秋)などの著書及び西岡力氏『朝鮮人「強制連行」説の虚構』(『月曜評論』平成一二年八月〜一二月号)などの論文を参考にいたしました。

朝鮮での募集を解禁した〝自由募集〟

昭和一二（一九三七）年に支那事変（日中戦争）が勃発して以来、多くの壮健な日本人男性が召集されて戦地に向かったために、国内の工場や鉱山や建設現場などでは、深刻な人手不足をきたしました。その対策として昭和一三（一九三八）年に国家総動員法が制定され、この法令に基づいて昭和一四（一九三九）年に国民徴用令が発令されています。但し、前述の通りこの時点で朝鮮半島では発動されず、その代わりに朝鮮からの労働者移入を容易にするために始まったのが〝自由募集〟でした。

〝自由募集制度〟は昭和一四（一九三九）年九月に開始されましたが、その主旨は「募集手続きに従った内地渡航については、従来の煩雑な個別の渡航手続きを免除する」というものでした。これによって渡航手続きは事業主側でまとめて行い、個人でややこしい手続きをする必要がなくなったのです。

この制度により、内地の事業主は、厚生省と朝鮮総督府の認可を受け、朝鮮半島に募集員を派遣して、朝鮮総督府が指定する地域で、割り当ててもらった数の労働者を募集しました。これに応募した人たちが企業から来た人に引率されて、内地に集団渡航しています。

昭和三〇年代の日本の高度成長期に、人手不足を補うために事業主が地方へ行って「金の卵」

を募集し、応募者が東京や大阪などへ就職列車に乗って「集団就職」したのと同じような光景だったのです。

ところがこの〝自由募集〟は事業所が主に炭鉱や鉱山であり、旱魃（かんばつ）だった慶尚北道（キョンサンブクト）では大勢の希望者が押しかけたものの、他の地方では経験のない朝鮮の農民からの応募は少なく、人手不足を解消できるだけの人数を募集することができませんでした。結果的に昭和一六年までの三年間、動員計画二五万五〇〇〇人に対して、募集で日本にやってきたのは一四万七〇〇〇人（厚生省統計）（注3）に過ぎず、達成率は五八％に留まりました。

また、応募した中には便乗渡航者も多数いました。当初から炭鉱で働く意思などなく、日本に出稼ぎに出るための手段として取りあえず鉱山会社の「募集」に応募し、渡航費用会社負担で日本にやってきて、しばらく働いてすぐに退職し、他の勤め先に代わる人が後を絶ちませんでした。炭鉱会社に応募した者のうち六〇％が便乗渡航者だったと推定されています（注4）。

強制力のなかった「官斡旋」

そこで〝自由募集〟に代わって昭和一七（一九四二）年から〝官斡旋〟という方式で募集することになりました。これは企業主が朝鮮総督府に対して、必要人員の募集許可申請を行い、総督府が許可した人数を道（日本の県に相当）ごとに割り当て、道は郡、府を通して邑・面（村）に人員の割り当てを行うもので、行政を通して労務者を募集するという方式でした。

〝自由募集〟や〝官斡旋〟について、韓国では「実態として強制だった」と主張しています。特に〝官斡旋〟については朝鮮総督府が割り当て数を決め、末端では面長（村長）などの圧力があり、「強制だった」というのです。

確かに〝官斡旋〟で人数を割り当てられ、成績を上げるために、中には強圧的な態度を取った朝鮮人担当者もいたかもしれません。しかし〝官斡旋〟も〝自由募集〟と同じく応募するかどうかは本人の自由でした。制度自体に全く強制力はなく、応募しなくても何の罰則もなかったのです。

さらに〝自由募集〟や〝官斡旋〟で渡航した朝鮮人労働者は、配属された職場から離脱することも可能でした。職場がいやなら食費や未払い賃金などを清算してどんどん離脱し、もっと待遇のよい会社に転職しました。離脱したり契約期間（多くの場合一〜二年）を終えて内地に残留しても、食糧の配給もあり日本国民としての公民権（参政権など）も保障されたのです（注5）。後で触れますように、当時多くの出稼ぎ労働者が朝鮮から日本に自由意志で渡ってきており、〝自由募集〟や〝官斡旋〟での渡航者も、彼らとほとんど差のない状態でした。

「拉致してトラックにのせた」の元ネタ

前述の児童向け本『地獄の島　軍艦島』に出てくる「トラックでやってきて拉致した」という話の元ネタは、六代目朝鮮総督・宇垣一成（一九三〇〜一九三六年）の政策顧問だった鎌田澤一郎という人物が昭和二五（一九五〇）年に書いた『朝鮮新話』の次のような文の一部を取り出したものでした。

納得の上で応募させていたのでは、その予定数になかなか達しない。そこで郡とか面（村）とかの労務係が深夜、早暁、突然男手のある家の寝込みを襲い、あるいは田畑で働いている最中にトラックを回して何気なくそれに乗せ、かくてそれらで集団を編成して、北海道や九州の炭坑に送り込み、その責を果たすという乱暴なことをした。但し、総督がそれまで強行せよと命じたわけではないが、上司の鼻息を窺う朝鮮出身の末端官吏や公吏がやってのけたのである。（傍線は筆者）

鎌田は、後任の南次郎七代目総督（一九三六〜一九四二年）が宇垣時代の政策を反故にしたことから、南総督に怨嗟の念を抱いており、戦後になって南総督の「ひどい事例」としてこのような文を書いたのではないかと言われています（注６）。「流言飛語」の類いを確かめもせずにそのまま書いた可能性が高く、だからこそわざわざ「但し、総督がそれまで強行せよと命じたのではない」と断っているのではないでしょうか。

いつどこで行われたかも分からず何の根拠もないこの一文を、しかも最も重要な「朝鮮出身の官吏や公吏がやってのけたのである」と言う部分をあえて伏せた形で、多くの反日日本人たちが「日本人による強制連行の実態」として引用してきました。

以前、日本の教科書にも同様の記述があり、例えば平成一一年教育出版が発行した中学校歴史教科書は「寝ているところを警察官と役場の職員に徴用令状を突きつけられ、手錠をかけられたまま連行された」と記載しています。

また、平成一二年に発行された大阪書籍の中学校歴史教科書には、「町で働いているものや田んぼで仕事をしているものなど、手当たり次第役に立ちそうなひとは片っ端から、そのままトラックにのせて船まで送り、日本に連れてきた。徴用というより人さらいですよ」という「証言」が載っています。日本の教科書にまで書いてあるのですから、韓国人がそれを真実であると信じるのも無理はありません。

国民の義務だった「徴用」

〝官斡旋〟は昭和一九（一九四四）年九月から〝徴用〟に変わりました。前述の通り内地では既に昭和一四（一九三九）年に徴用令が発動されており、朝鮮半島での適用はそれより五年後でした。戦争が激しさを増し、内地ではいよいよ人が足らなくなったために、これまで猶予していた朝鮮半島の男性にも、同じ日本国民として〝徴用〟に応じてもらうことになったのです。

朝鮮半島の人々に適用するにあたって、当時の小磯国昭八代目朝鮮総督や、その後任の阿部信行九代目総督は、徴用工として日本企業で働くことで朝鮮人が技術を身に着け、それを将来の朝鮮の発展に役立てることを切望し、自ら陣頭に立って受け入れ側に万全の体制を求めました。

徴用先も労務管理の整備された事業所に限られ、給与もきっちり法律で決め、留守家族に対しては収入減を補償しました。そのことは大蔵省管理局名で戦後発行された『日本人の海外活動に関する歴史的考察　第五巻朝鮮篇４』小林英夫監修（ゆまに書房）にある次のような記述からも明らかです。

阿部総督は着任するや労務問題の重大性に着目して昭和十九年度鉱工間内に勤労部を

設け動員援護の二課を置いて援護の徹底を期すると共に朝鮮労務援護会を創設して本人に対する慰問はもちろん家族の援護に遺憾なきを期するため相当経費を国庫補助として計上すると共に、事業主に於いても相当負担を為さしめて、これを賃金の家族送金、賃金差額補助金、別居手当家族手当等の名目の下に各家族あて送金しその生活を保護した。尚留守家族に対しては各種物資に優先配給は勿論、愛国班を中心とする隣保補助の風を助長して援護の完璧を期した。殊に本件に付いては十九年度の対内地緊急産業への労務送出に当たっては「勤労管理に更に留意すると共に残留家族の婦女援護に力むること、之がため事業主より一定額の定着手当及び家族慰労金を支給すること」を確約せしめた。

このように当時、朝鮮の人々を徴用するにあたっては、腫物に触るように気を使っていたのです。「朝鮮人を片っ端から引っ張ってこき使い虐待した」などとんでもありません。〝徴用〟は本来全ての日本国民に課された法的義務であり、徴用されれば炭鉱でもどこでも行かねばなりません。日本国民だった朝鮮人男性に適応されることに何の不自然さもなく、当時の国際法に照らしても何ら問題はありません。〝徴用〟を強制連行と言うなら、内地で徴用された日本人も全て〝強制連行〟されたことになります。

しかし、朝鮮においては厳罰主義を避けたために、炭鉱労働などを嫌って徴用拒否者も続出し、結局徴用令が機能した昭和一九（一九四四）年九月より昭和二〇（一九四五）年六月までの間に計画人員数の七九％しか送り出すことができませんでした（注7）。

（注1）『歴史を偽造する韓国』中川八洋著（徳間書店）
（注2）『数字が語る在日韓国・朝鮮人の歴史』森田芳夫著（明石書店）
（注3）『評論』平成一二年九月号「朝鮮人『強制連行』説の虚構」西岡力より
（注4）『在日朝鮮人関係資料集成第五巻』朴慶植編（三一書房）
（注5）『明日への選択』平成一四年一一月号「朝鮮人『強制連行問題』とは何か」
（注6）『Hanada』二〇一七年一二月号「朝鮮人は不幸だったのか②戦時動員」鄭大均より
（注7）『植民地朝鮮の研究』杉本幹夫著（展転社）

第十四章　ある朝鮮人徴用工の手記

『朝鮮人徴用工の手記』書影

では、次に当時の徴用工の実生活について見てみましょう。

釜山の「国立日帝強制動員歴史館」（一二〇ページ参照）には、東洋工業株式会社（現マツダ株式会社）の「半島応徴士身上調査票」なるものが展示してあります。同社も、ここでは「戦犯企業」の一つに名指しされているのです。

実は昭和一九（一九四四）年一一月に徴用され、広島の東洋工業で働いた鄭忠海（チョンチュンヘ）という人物が『朝鮮人徴用工の手記』井下春子訳（河合出版）という本を出版しています。徴用先での生活環境や仕事内容について詳細に記録しており、これからその一部を引用してみましょう。当時の徴用工の実態がとてもよく分かります。

食と住には文句なし

まず食と住についての記述です。

（寄宿舎のある場所に着くと）新しい木造建ての建物があった。そこがこれから我々が寝起きする寄宿舎で、朝鮮応徴士たちを迎えるために新しく建てられた第二寄宿舎だという。（中略）我が住かといい、周囲の環境といい、なかなかのものだ。（中略）二十畳ばかりの畳の部屋で十人、一人にやや厚い敷布団に掛け布団が二枚づつ、絹のような寝具で、我々のために新しく作ったらしい。これなら畳の部屋でも寒くなく過ごせそうだ。会社側では我々朝鮮半島応徴士を迎えるに当たり、いろいろ神経を使ったようだ。

明るい食堂には、大きい食卓が並んでいた。新しく作られたものらしい。食堂のホールの前の厨房では年頃の娘さんたちが、白いエプロンをつけて食事の準備に忙しそうだ。食卓の前に座っていると、やがて各自の前に食事が配られた。飯とおかずの二つの器だ。飯とおかずは思いのほか十分で、口に合うものだった。

みんなが集まって生活をしてみると、いろんな人がいる。ある人は〝みかん〟や〝ネーブル〟を、またある人は〝ナマコ〟や〝アワビ〟など、さらに酒まで求めてきて夕食後に宴会を開く。これらはここに来ている人たちの愉しみであり、唯一の慰めでもあった。

時々食堂で出してくれる牡蠣が入った飯（牡蠣飯）は本当に珍味だった。干潮になると、食堂の後ろの浜辺ではナマコや浅利貝をたくさんとることができた。（中略）日課後にそんなものを採るのも面白かったが、それを煮たり焼いたりして酒盛りするのは格別だった。

昭和一九年末という時点で、彼らは「口に合う」ものを十分に食べ、宴会を開き、絹のような寝具で寝起きすることができたのです。

日本人と打ち解けた徴用工たち

正月には娯楽会を開催して、日本人と朝鮮人の相互理解が進んだことも書いてあります。

（正月に娯楽会をやることになり）みんな乗り気になった。（中略）近くの町の人々とも共に楽しもうと、社宅街の数カ所に宣伝文を何枚か書いて貼ることにした。
「一月一日午後七時半から第二寄宿舎で朝鮮半島応徴士たちの娯楽会を開催いたしますので、ご覧くださるようお願いします」

自分たちのための娯楽会とはいえ、日本に来て、それも日本人の見ている前での行事であるので、スムーズに進行しなければならないし、また面白くなければならない。少なくとも我々二〇〇名の体面にかかわるし、おおげさに言えば、彼らに見せる朝鮮半島全体の文化水準に関わる問題だ。いざ始めてみると仲間内のことではなく、国際的行事のように思えてきた。

流暢な日本語で進められて行く張本さんの司会には、日本人たちも驚嘆するほどで、柳光勲の歌にはアンコールが再三続いた。寸劇、魔術、漫談など面白い出し物が出る度に拍手が起こった。そして日本人女性たちが合間に歌ったり踊ったりしたのも楽しかった。

急ごしらえの娯楽会ではあったが、その成果は大きかった。見にきた日本人たちは異口同音に「本当に素晴らしい、面白かった」と褒めてくれた。特に舎監長以下事務室職員たちは、自分たちの息子や家族が他人から賞賛を受けたように、大変満足して喜んでくれた。

女性に囲まれた楽しい職場

では職場の実態はどうだったのでしょう。鄭忠海氏は最初の一カ月間は、野原で駆け足といった幼稚でくだらない遊びのような訓練ばかりでうんざりしたと述べており、ようやく入社した時のことを次のように書いています。

工員は大部分女工だった。(中略) 工場を見回りながらみんなは口々に「第九工場が仕事が楽しそうだ」とか「第五工場がいい」とか言う。また第十一工場がいいという者もいた。そこは銃身を貫くところで「一個を旋盤に挟んであげるのに約一時間かかるというから、その間に娘たちと語り合えばどれほど楽しいだろうか」というのだ。

(配属された工場では)工員は女工が数十名、男子工も数人いた。工場長は女工たちに「今度来られた方たちに、親切に機械操作を教えてあげて欲しい。この人たちも諸君たちと同じように、初めての仕事で、機械には大変疎い人々だから、この点を留意して指導して下さることを願う」と挨拶した。女工は殆どが二十歳前後の娘さんたちで、終始にこやかに微笑をたたえて工場長の話に耳を傾けていた。

我々の目にも、現在の状態は、機械の数よりも工員の数の方が絶対不足だということがわかる。（中略）初めから工員が不足していたのでなかろう。一人二人と出征していって足らなくなった。補うことができず、女子を動員して、それでも不足になったので、遂に我々まで動員して人数を補うのだろう。

工場に入ると先に出勤している女工たちが、走ってきて挨拶をする。大変親切に接してくれるのだ。中でも私を教えてくれる技工格の村上さんは、気持ちよく接してくれた。出会ってから二日しかならないのに、分け隔てなく接してくれる（中略）時間になると技工の村上さんが「作業をしてみましょうか」と言って、モーターのスイッチを押して機械を動かし、昨日した仕事をまた教えてくれた。私の手が思うように動かず、のせたしなものにさわるにもおそるおそるしていると、村上さんは「よくできなくても繰り返しやってみましょう」という。また「あまり急がないでゆっくりしてみれば、すぐ慣れるようになるから安心しなさい。私たちも最初はこうでした」と言って大変気を遣って教えてくれるのだった。

二週間が過ぎると工場生活にも慣れて能率も上がり、面白くなってきた。さらに我々は女工の間で作業をするので、退屈することはなかった。

休日には名所旧跡めぐり

鄭忠海氏は応徴士の中の指導者になるために、昭和二〇（一九四五）年三月初めから約一カ月間、奈良で特別教育を受けます。ここでは体重が激減するほどの厳しい教育を受けましたが、休日には奈良市内の名勝、古跡地をめぐる遠足もありました。その時のことをこのように回想しています。

足取りも軽く、市内の方に歩いてゆく。国民学校の児童たちが先生について近くの遊園地に行くように、嬉しいばかりだった。

ここ（春日神社）の土産物店にあるのは大部分鹿の角で作った品物である。鹿の角といえば高価な漢方薬になる鹿茸である。たとえ鹿の落角で作ったものであっても気持ちの上では貴重に見えた。みんな先を争って土産物を買った。私も故郷の同僚へ持って帰るものなどを買った。

体力が落ちれば特別休暇

奈良での特別教育を終えた鄭忠海氏は、大阪の沈没船引き揚げ作業に従事した後、広島に帰りましたが、特別教育期間中の食料事情が悪かったために体力がだいぶ落ちていました。驚いた会社側は体力回復のために、彼に一〇日間の特別休暇を与え、食事もたらふく食べさせています。その時の感想は次の通りです。

無為徒食も楽ではない。一週間以上よく食べ、何もしないでいると、もう退屈でたまらない。ある程度健康も回復した。両頬にはまだ肉がつかなかったが、時が経つにつれていつかよくなるだろう。

「飲む」「打つ」でにぎやかだった寄宿舎

鄭氏は四月二〇日に東洋工業の工場に復帰しましたが、その時の工場の雰囲気をこう記しています。

工場で働く男たちは武器生産には心がなく、女性たちとの恋だ愛だということばかりに心を奪われているようで、工場内の風紀は言葉にならないほどだった。どの工場だったかプレスを操作していた白某(ペク)という者が、作業中女性とおしゃべりをしていて、自分の親指をばっさり切り落としたことがあった。その白という友人は、恋のために親指を切り落とした最初の犠牲者になった。

朝鮮から来た徴用工は「男子不足」の中で結構日本女性にもてたようです。

やがて五月に入り、沖縄では激しい玉砕戦が繰り広げられ、連日神風特攻隊が出撃していました。この頃、東洋工業の徴用工たちはどんな生活を送っていたのでしょう。その様子を彼は次のように書いています。

寄宿舎内はいつも賑やかだった。（中略）どんなものでも求めてきて、煮たり焼いたりして酒盛りやみかんパーティー等がいつも繰り広げられていた。戦争中で決してお目にかかれないものでも、寄宿舎の中では珍しくなかった。彼らはどこかに行って求めてくる。また多くの人が集まるところで欠かせないのが、賭け事だ。こちらの隅、あちらの隅で花札の六百やソッタがやられる。一カ月、二カ月にあたる給料をみんなすったとこぼす者も少なくなかった。

韓国が「戦犯企業」に指名した東洋工業で、彼らはいつも賑やかに飲んで食べて、ばくちまでやっていました。

別れを惜しんで帰国の途へ

そしてついに日本は終戦を迎えます。その時のことを手記には次のように綴っています。

舎監長野口氏は重い口を開いて目をそらしながらも、我々朝鮮人たちに自分の感想を語るのだった。

「今我々は、連合軍に無条件降伏をしたという天皇陛下の放送を聞きました。これで無慈悲な忌まわしい戦争も終わりました。今から皆さんたちは独立国家の自由国民となりました。長い歳月我が日本のために多くの苦労をされたけれども、我々は戦争に負けてしまいました。すべて運命でしょう。願わくは皆さん方は一日も早く故国に帰られて、皆さんの祖国再建のためによい仕事をされることを願うだけです」

涙にむせぶ声で話すのだった。

夕方になって会社の上部から正式通達がきた。

「国家民族のためにやむをえず無条件降伏をしたもので、工場の仕事やすべてのことをこの時期をもって中止し、第二寄宿舎の全朝鮮人も帰郷の措置をする」

という嬉しい発表だった。さらに第二寄宿舎の朝鮮人には帰国できるすべての便宜を図るが、帰る日までは食糧提供のほかは自治制で、会社は一切干渉しないと言うのだった。

帰国するにあたって、船の出発前に簡単な送別会が行われ、野口舎監長は目に涙を浮かべて別れの言葉を述べ、鄭忠海氏は、帰国者を代表して野口舎監長はじめ事務員に挨拶を行っています。一緒に帰る仲間たちも、各自これまで親しくなった人たちや町の人たちの所へ走って行って挨拶を交わしました。

当時、日本人と朝鮮人の間には情が通い合っており、このような別れを惜しむ光景が、日本各地で繰り広げられたことは想像に難くありません。端島でもそうだったのでしょう。

鄭忠海氏の手記には、彼の月給が一四〇円だったとも書いてあります。昭和一九年末から二〇年という全ての物資が窮乏している時期に、会社側は彼らに不満が出ないように、高額の賃金を支払い、清潔な寄宿舎を用意し、食事も十分に提供しました。体力が低下したものには栄養をたっぷりとらせ、特別休暇を与えています。

日本企業は、ここまで朝鮮人徴用工に配慮をしていました。先述の朝鮮総督府から企業へ出された「万全の体制を取るように」との要請は、東洋工業でも着実に実行されていたのです。

第十五章　自ら日本に渡ってきた朝鮮人

大勢の朝鮮人が職を求めてやってきた

「強制連行」説が全く非現実的であることは、戦前・戦中に朝鮮から日本へ出稼ぎ労働者が大量にやってきた事実からも明らかです。

前述の通り、朝鮮人の内地渡航は制限されていましたが、それでも日韓併合以来、内地における朝鮮人の人口は増え続けていました。大正元（一九一二）年に約三〇〇〇人であったものが、大正一〇（一九二一）年末には三万九〇〇〇人まで増えています。さらに大正一〇年からは急増しており、昭和二（一九二七）年末には一六万五〇〇〇人、そして昭和一三（一九三八）年末にはなんと八〇万人に達しています。

朝鮮半島での「自由募集」は昭和一四（一九三九）年に始まりましたが、その時点で既に約八〇万人の朝鮮人が日本に居住していたわけです。渡航に制限があったとはいえ、当時の朝鮮人は同じ日本国民であり、正当な手続きさえ踏めば、出稼ぎ移住は認められていました。特に朝鮮南部の農村に住む青壮年にとって、「内地」は「成功者」となるためのチャンスを提供してくれる「夢の国」であり、多くの人々が日本に渡ってきたのです。

日本に憧れてきた人々の証言

ではどのような思いをもって朝鮮の人々は日本にやってきたのでしょう。具体的な証言をあげてみます（いずれも『百万人の身世打鈴』東方出版より）。

一九二九年済州島に生まれた権聖姫（クォンソンヒ）は次のように振り返っています。

「済州島の家に帰ってみると、父の弟が日本から帰ってきていました。その叔父は五、六年も前に日本へ行ったきり便りも寄こさなかったんですが、元気そうな様子で帰ってきたんで、みんな大喜びでした。叔父の日本の話はいいことずくめでした。その中でも私にとって印象的だったのは、白いご飯を毎日三度々々食べられるということでした。私にとっては夢のような話でした。（中略）『わたしを日本に連れてって！』わたしは夢中になって叫びました。叔父にすがってせがみました。（中略）私があまりしつこく頼むので、叔父もとうとう折れて『今度行くとき連れて行ってやる』と言ってしまいました。

私はうれしくてうれしくて、天にも昇る思いで、じっとしていられなくて外に飛び出し、近くの丘に上がって大きな声でわめきました。『わたし日本へ行くんだよ。日本へ行くんだよう』
（中略）みんなは私の話を聞くと『いいわね』『いいわね』って羨ましがっていました」

彼女は一五歳になると希望通り日本に渡航し、叔父の家で生活しています。

次に慶尚南道馬山出身の裵又星（ベウソン）は昭和三（一九二八）年に日本に渡航した動機を次のように証言しています。

「友達がなんとなく日本に行くか？ 日本はいいらしいよって言うので、にわかに来てしまったんです。憧れておったんですよ。日本に行けば金儲かると思って。日本に行けば朝鮮での一年分が何か月かで儲かるんだと」

また、昭和一七（一九四二）年一〇月に「官斡旋」を受けた慶尚南道蔚山（キョンサンナムドウルサン）出身の李斗煥（イトファン）という人物もこのように語っています。

「役所に呼び出されて『日本に行ってくれ』と言われた。いやとも言えないしな。まあ正直いえば嬉しかったの。日本に来たくてもなかなか来られないんだから。韓国にあっても仕事もないし、百姓くらいだから。俺だけじゃなくて、日本に来たがってたの大勢いたんだ」

戦前・戦中を通して、朝鮮では一般の人々の間でこれだけ日本への渡航熱が高かったことがよくお分かりになったと思います。

戦時中の渡航者の六〇%が動員外

「自由募集」「官斡旋」「徴用」と並行して、出稼ぎの目的で大量の朝鮮人が日本にやってきました。「自由募集」期間である昭和一四（一九三九）年から一六（一九四一）年の三年間に内地に渡航した朝鮮人の総数は一〇七万一〇〇〇人（注1）ですが、このうち「自由募集」で内地に来た朝鮮人は、前述の通り一四万七〇〇〇人（厚生省統計）に過ぎません。渡航者の中には、内地と半島を往復した人の数も入っていますが、「自由募集」による渡航は、全体の一六%に過ぎなかったことも事実なのです。

この傾向は、「官斡旋」「徴用」の時期でも継続しています。昭和一七（一九四二）年一月から昭和二〇（一九四五）年五月までの内地への動員数は五二万人（注2）ですが、同じ時期に朝鮮半島からの渡航者は、延べ一三〇万七〇〇〇人（注3）です。大東亜戦争中の内地への渡航者の約六割が、「動員以外」ということになります。そして彼らのほとんどが、内地で働くために自分で希望してやってきたのです。

終戦時に日本にいた半島出身者の七八％が自由意志で来ていた

こうした渡航・移住によって、終戦時には約二〇〇万人の朝鮮人が内地にいたと推定されています。昭和一四（一九三九）年から二〇（一九四五）年までに約一二〇万人が増えたことになります。終戦当時、動員先の職場にいた朝鮮人は約三二万三〇〇〇人（厚生省統計）、それ以外の軍人・軍属が約一一万三〇〇〇人（引揚援護庁調査）で、合計四三万六〇〇〇人となり、これは終戦時の朝鮮人の人口の二二％に過ぎません。

残りの七八％の朝鮮人が、自分の意志で日本に渡ってきた人とその子弟、さらに動員先の職場を離脱したり契約完了後も内地に残って、日本でお金を稼いでいた人たちでした。戦時中、労働力不足が激しかった内地に、朝鮮の人々は自分から希望して大量に渡航し、日本で稼いでいたのです。
嫌がる朝鮮人を、拉致同然の方法で無理やり内地に連れてきて酷使したという「強制連行」のイメージとはほど遠い当時の実態を、この数字が明確に物語っています。

大量の人々が朝鮮半島から密航してきた

以上の通り、日韓併合以降、多くの朝鮮の人々が内地に憧れてやってきました。そして出稼ぎ渡航の資格がない人々は密航してでも内地へ渡ろうとしたのです。

その中には、炭鉱で働くために密航してくる人もたくさんいました。上記記事は昭和九（一九三四）年八月二四日付朝鮮中央日報です。タイトルは「筑豊炭坑目標に密航朝鮮人激増」となっており、当時日本の主要な炭鉱がたくさんあった福岡県の筑豊炭鉱を目標に密航してくる者が続出して、当局が頭を痛めているという内容が書いて

筑豊炭坑目標
密航朝鮮人激増

昭和９年８月24日付朝鮮中央日報

あります（崔碩栄氏web「『映画〝軍艦島〟はフェイクである』を示唆するこれだけの証拠」より）。

内務省の統計によれば、昭和五年から一七年までの一三年間で発見された不正渡航者は四万人近くになります。実数はその数倍に上るでしょう。しかもその内訳を見ると「自由募集」が始まった昭和一四（一九三九）年以降急増しています。

もし日本の官憲による「強制連行」が本当にあったのなら、強制的に連れてこられる人間と、正式な資格をもって嬉々として日本に渡航する人間、さらに船底にもぐりこんで必死の覚悟で日本に向かう密航者が、同じ船に乗ってきたことになります。漫画にもなりません。

それで捕まった密航者はどうなったでしょう。「強制連行」が事実なら彼らを捕まえて全員炭抗に放り込めばいいはずです。しかし逮捕された密航者の中で、運よく就職先を斡旋されたものも一部いますが、そのほとんどは法律に基づいて朝鮮半島に帰されました。

昭和一四年から一七年までに、一万九二〇〇人（注4）が朝鮮に強制送還されています。これが本当の「強制連行」です。なお、首尾よく捕まらずに日本の会社に就職し、生活を始めてしまえば、密航者であることが発覚しても送還されませんでした。日本国民である以上、居住権があるからです。

差別はなかったと証言する朝鮮人

明治三七（一九〇四）年に慶尚南道義城郡で生まれた朴水竜は、一八歳の頃日本に渡って、東京の石井鉄工所で働きました。関東大震災の混乱で一年間朝鮮に戻りましたが、その後は再び日本で生活しました。戦時中は、朝鮮人労務者十数人の親方となって、三菱造船所で鋲打ちなどの仕事をしています。彼は戦前や戦中に差別はなかったかと聞かれて、こう答えています（注5）。

「差別ですか？　その頃は日本人ではだれもそういう仕事をするものはいなかったから、差別はなかったですよ。私たちの仕事はたいへん単価が安いので、日本人でやるひとがいなかったのではないですか」

また先ほど出てきました裵又星は、長い日本生活を振り返り、次のように語っています（注6）。

「私は差別されたなって思ったのは、一つあった。それは町内会に入れてくれなかったことだ。あんとき朝鮮人はうちだけだった。入れてくれんという。被爆者の手帳もあることを知らなかった。町内会に入ってはじめて近所の人に、そういうものがあるということを聞いて、もらった。なんで今まで黙っとったかって、言われたけど、知らんかった」

どうですか。「日本にいた朝鮮人は四六時中差別され、日本人に虐待された」という主張とは全く正反対のことをこの人たちは語っているのです。

（注1）（注3）（注4）『数字が語る在日韓国・朝鮮人の歴史』森田芳夫著（明石書店）
（注2）『評論』平成一二年九月号「朝鮮人『強制連行』説の虚構」西岡力より
（注5）（注6）『百萬人の身世打鈴』「百萬人の身世打鈴」編集委員編（東方出版）より

コラム②渡航を食い止めるだけでも、ひと仕事

「内地に憧がるゝ鮮人労働者がうかうかと渡航するを桟橋で喰止めるだけでも一ト仕事」というタイトルの記事が一九二六年三月二七日付年釜山日報に掲載されています。

当局は内地渡航希望者を必死に「阻止」していましたが、それも人手不足で「阻止」しきれていないという状況を伝えています。

（崔碩栄氏web「『映画〝軍艦島〟はフェイクである』を示唆するこれだけの証拠」より）

内地に憧がるゝ
鮮人労働者が うかうかと渡航するを
桟橋で喰止めるだけでも一ト仕事
釜山の旅館はソレラの者で一杯

渡航者

手不足

氣迷ひに附け込む
不正客引きや詐欺漢が躍出

招聘状

一九二六年三月二七日付年釜山日報

第十六章　高額を稼いでいた朝鮮人労働者

朝鮮人労働者の誰もが、前出の鄭忠海氏のような恵まれた環境にあったわけではないでしょう。炭鉱や鉱山、あるいは建設現場で厳しい労働に従事した人々もたくさんいました。しかし彼らは決して「ただ働き」を強要されたわけではなく、それどころか多くの人々が大金を稼いでいました。

炭鉱で月給三〇〇円

特に炭鉱のような危険な場所で働く作業者の給与は極めて高く、昭和一九年頃に九州の炭鉱で支払われた賃金は、各種手当を含めて月収で一五〇円～一八〇円、勤務成績のよいものは二〇〇円～三〇〇円でした（注1）。三〇〇円といえば、軍隊なら大佐の給与に匹敵します。

当時の炭鉱での賃金算定は作業習熟度や出炭量などを基に厳格に計算されており、日本人と朝鮮人の間に賃金上の差別は全くありませんでした（注2）。しかも同じ職種では朝鮮人徴用者の方が日本人徴用者より給料がよかったと言われています（注3）。

朝鮮から動員されてきた労働者は屈強な若者ばかりであり、それと比べて日本人の坑夫は高齢者が多く、体力に勝る朝鮮人労働者の給与が日本人を上回ることは当然ありえたでしょう。

朝鮮人鑛夫の物凄い稼高
遠賀鑛業所で推賞の的

朝鮮人鑛夫に特別の優遇設備
まるで旅館住ひ同様

大浴場にひたる朝鮮人鑛夫たち

右：1940年5月28日付大阪朝日・南鮮版より
下：1940年4月21日付大阪朝日・中鮮版より

出典：『朝日新聞が報道した「日韓併合」の真実』水間政憲（徳間書店）

送金で「両班」となった留守宅

また、稼いだお金は朝鮮へ送金されていました。当時ある炭鉱会社の人事担当者だった人物は次のように証言しています（注4）。

「仕送りは会社のほうで強制的にやらせました。当時五〇円から八〇円位まででした。毎月五〇円送金されると仔牛一頭毎月買える勘定になります。それを貧乏人に一カ月いくらで貸すのです。牛二〇頭持てば「両班」いわゆる金持ちなんですよ」

この人事担当者も「内地人と朝鮮人に賃金の差はつけなかった」と証言しており、「もう戦争に勝つためですから、時間も何もない、しかし特に朝鮮人だけに苦労をさせたというわけではなく、全部が苦労しました」とも述べています。

殉職者へは手厚い弔慰金

徴用されて炭鉱で働くのは確かに大変だったでしょう。しかし戦場で戦っている日本人は、その比ではありません。「祖国を守る」ただそのために、敵の圧倒的な砲撃や爆撃に耐え、弾丸の最後の一発まで撃ちつくし、最後は肉弾となって散って行ったのです。

一方、朝鮮人への徴兵制度は昭和一九（一九四四）年に始まりましたが、訓練中に終戦を迎えたため、徴兵制度で召集されて戦場で戦った朝鮮人は一人もいなかったのは前述の通りです。

『朝鮮人強制連行の記録』のまえがきに、朴慶植は「日本の炭鉱や土木工事場あたりを回ってみると、いたるところに朝鮮人の遺骨が放置されており……」と書いていますが、日本人の遺骨と朝鮮人の遺骨をどうやって見分けることができるのでしょうか。第一、そこは戦場ではありません。遺骨が放置されているはずがないでしょう。

それどころか、万一朝鮮人労働者が職場で殉職した場合は、丁重に葬儀が行われ、規定に基づいて手厚い弔慰金が支払われていました。前出の炭鉱会社の人事担当者は「殉職者なんかは、当時二五〇〇から三〇〇〇円くらいもらってました」と証言しています(注5)。この頃、朝鮮半島では一〇〇〇円あれば家一軒を買えたそうです。

日本にいれば飯場でいくらでも稼げた

「自由募集」や「官斡旋」で日本にやってきた人々には、転職の自由があったことは既に述べましたが、「徴用」で日本にやってきた朝鮮人労働者も、職場が気に入らなければどんどん「逃亡」しており、行方不明になるケースが多発しています。

では逃亡した人々はその後どのような生活をしていたのでしょう。昭和二〇(一九四五)年九月一八日付で、大阪府南河内郡長野町警察署長から大阪府警察局長あてに、「逃亡セル集団移入半島徴用工員の諸行動に関する件」という報告書が出されており、この中に金山正捐という人物が逃亡後の生活について供述した内容があります(注6)。

彼は、長野町にある吉年可鍛鋳鉄工場に昭和二〇(一九四五)年三月に配属された朝鮮人徴用工四一名の中の一人であり、その隊長だった神農大律と殴り合いの喧嘩の末、七月二八日に仲間と共に逃亡しました。彼はその時点で二五〇円を所持していたといいます。闇ルートで汽車の切符を入手した彼は、東京都下の立川までやってきて、西多摩郡小河内村の朝鮮人飯場に駆け込みました。親方は慶尚南道生まれの新井という人物で、「空襲で被災して逃げてきた」というとすぐに雇ってくれました。八月二日から仕事を始めましたが、その日は簡単な運搬作業を午前一一時までやって一五円をもらい午後は遊んでいます。

翌日八月三日はトンネルの中の飛行機工場で運搬作業を少し手伝って一五円をもらっています。四日は都内見物をやり、帰りに分倍河原（ぶばいがわら）で下車してみると、ここにも朝鮮人の飯場があり、山奥はつまらないという理由で前の飯場をやめてこちらに移りました。七日は現場で楽な測量の仕事を手伝って二〇円もらっています。

この飯場は朝鮮人労働者が三〇〇人でしたが「幽霊人口」が一五〇〇人もいたために、「食糧の配給が大変豊かだった」そうです。その中で炊事係は米を横流しして、二カ月で一〇万円儲けたと聞いて驚いたと言っています。しかも五日に一回ほど、牛を闇で一頭二五〇〇円程度で買ってきて、殺して肉を高値で売ったそうです。飯場の人々は金があり、いくらでも買って食べるので炊事係はぼろもうけです。さらに牛の皮だけでも一〇〇〇円で売れたとのことです。

飯場では賭博が盛んに行われており、金山も一時は一八〇〇〇円まで勝ち進みましたが、結局プロの賭博師にかかって全部負けています。

八月一五日に終戦を迎えると仕事がなくなり、一足先に宮津へ逃亡していた金谷という人物を訪ね、そこで吉年可鍛鋳鉄で親切にしてくれた北井寮長のことを思い出し、二人でお詫びに寄せてもらうために長野の寮に帰ってきたと彼は供述しています。

この金谷は、やはり神農大律からいじめられたため、遠縁の金村という宮津に住む人を頼って七月一三日に逃げていました。そこで飯場を紹介され、半月で一五〇円、その次は僅かの日数で何と二〇〇円をもらいました。ただ仕事がきついので「長野の寮のことをいつも思い出した」とも言っています。そこへ金山が東京からやってきたので、北井寮長さんが懐かしくなり、謝罪しようと思って九月九日に寮に帰ったそうです。

戦時中でも、朝鮮人労働者は飯場でいくらでもお金を稼げたことが分かります。それでも最初に徴用工として配属された工場の寮長が懐かしくなり、お詫びするために帰ってきたと彼らは語っています。「強制連行」されて日本人に虐待されたのなら、絶対にありえない話でしょう。やはり日本企業は彼らを大切にしていたのです。

（注1）（注3）『明日への選択』平成一四年一一月号「朝鮮人強制連行」問題とは何か（上）より
（注2）（注4）（注5）『証言朝鮮人強制連行』金賛汀編著（新人物往来社）
（注6）『在日朝鮮人関係資料集成』（第五巻）朴慶植著編

コラム③期限終了後も日本で稼ぐ

『証言　朝鮮人強制連行』金賛汀編著（新人物往来社）には当時契約期間が終わって帰る時の様子について、次のような炭鉱関係者の証言があります。

強制連行どころの話ではありません。お金を稼ぎに来ているのです。

「家族持ちでも一期限が終われば十二から十五世帯をまとめ係員が二人くらいついて送っていくのです。すると旦那さんが大阪か京都かどこかでいなくなるのがあるんです。こっちで心配するとこれは予定の行動で責任は一切お宅さんのほうにはありませんと子供も妻も平気なのです。旅費は向こうまでもらい途中で旦那だけ逃げる。嫁さんやなんかはそのまま朝鮮に帰っていくというのがあったですね。妻子だけは郷里へ帰り、本人は大阪かどこかでまた金儲けして帰るというふうにあらかじめ決めてあるのですね」

第十七章　「慰安婦強制連行」の虚構

「慰安婦強制連行」の虚構性については、拙著『「従軍慰安婦」強制連行はなかった』（明成社）および『こうして捏造された韓国「千年の恨み」』（ワック）などに詳しく書いておりますので、ここではポイントのみをきっちり整理してみたいと思います。

なぜ一件も抵抗した記録がないのか

朝鮮の独身女性二〇万人が日本の軍や官憲によって組織的に強制連行され性奴隷にされた！

韓国人はそう信じています。しかしながら、よく考えてください。

朝鮮総督府が発行した「昭和一九年五月一日付人口調査結果報告」によれば、当時の朝鮮の女性人口は一八歳が二二万人、一九歳が二一万人、二〇歳は二〇万人に過ぎません。しかもこの頃の結婚適齢期は一八歳から二〇歳であり、多くの女性は既に結婚しています。そのような状況で朝鮮人女性合計二〇万人も性奴隷にするには、独身女性を片っ端からしょっぴかなければなりません。一体そんな乱暴なことを朝鮮の人々が許すでしょうか。そのような無茶をやれば親兄弟やその一族が激しく抵抗し、朝鮮半島全体が阿鼻叫喚の修羅場となっていたはずです。ところがそのような抵抗の事例は、ただの一件も記録にありません。それこそが「強制連行」がなかった何よりの証拠でしょう。

それでもあったと言うのなら、朝鮮の男たちは、娘が、妹が、恋人が、性奴隷にされるのをただ指をくわえて見ていたことになります。「慰安婦強制連行」を言い募ることは、自らの祖先を「世界史上類のないふがいない人々だった」と貶めることになるのです。

こうして創作された「慰安婦強制連行」

「慰安婦強制連行」なるものは、筆者が調べた限り、朴慶植氏が前出の『朝鮮人強制連行の記録』の中で、何の根拠もなく唐突に次のような文を書いたことが発端でした。

うら若い同胞の女性が多数『女子挺身隊』、『戦線慰問隊』などの名目でひっぱられ、慰安婦として戦争遂行の犠牲にされた。

同胞女性は中国や南方、沖縄の戦線にも多数連行されているが全体の数は数万に上ると思われる。

さらに一〇年後の一九七五年に、朝鮮大学校を卒業したノンフィクション作家・金贇汀が『証言朝鮮人強制連行』を書き、「強制連行」の犠牲者数を「はっきりしない」としながら、次のように推定のみで倍加させました。

一九四四年八月には「女子挺身勤労令」が発布され、連行に国家権力の強権が伴った「女子挺身勤労令」によって数十万名に達する朝鮮人女性が軍需工場、軍要員として「徴用」されたが、これらの女性達のうち本人の知らぬままに、中国大陸に、南方戦線に「軍慰安婦」として、送られた人々も多かった。その総数は今日に至るもはっきりしないが、十万人内外であったろうと推定されている。

このような北朝鮮系作家や、それに繋がる反日日本人たちが行った一連の反日プロパガンダによって、「朝鮮人女性強制連行」という漠然としたイメージが日本国内に形成され、そこに吉田清治なる人物がつけこんできました。

一九八二年九月一日に大阪で開かれた市民集会で、彼は「済州島で部下九人と共に若い女性を拉致してトラックに積んで戦場に送った」と爆弾発言をしました。続いて一九八三年七月に『私の戦争犯罪―朝鮮人強制連行』を著し、「済州島で約二〇〇名の朝鮮人女性を強制連行して慰安婦にした」などと「告白」したのです。

朝日新聞の情報操作

これを朝日新聞が大々的に取り上げ、「慰安婦強制連行」を事実として内外に発信しました。一九九二年一月一一日付一面トップでは「慰安婦募集に軍が関与した」と報道し、記事の中で「朝鮮人女性を挺身隊の名で八万～二〇万人強制連行した」と書いて「被害者数」を勝手に二〇万人にまで増やしてしまいました。

この時に朝日新聞が「軍の関与を示す資料」として示したものは「軍慰安所従業婦等募集に関する件」という昭和一三年三月四日付陸軍省から派遣軍あての「通牒」でした。

その内容を要約すれば「募集において悪徳女衒などが誘拐に類する方法をとることがあるので、憲兵と警察は協力して取り締まれ」というもので、まさに女性を「強制連行」する悪徳業者を取り締まるために軍が「関与」したことを示すものでした。

朝日新聞は当該資料の内容まで立ち入らないまま、表題だけをもって「軍関与の証拠」としてアピールするという、情報操作を行ったのです。

韓国側はこの報道に即座に反応し、東亜日報は同年一月一五日付で「一二歳の小学生まで動員し戦場で性的にもてあそばれたことに煮えくり返る憤怒を禁じえない」と書きました。これを読んだ韓国の人々は「そんなひどいことがあったのか」と激昂し、たまたまこの直後に訪韓した宮澤首相は、わけがわからないまま滞在中に八回も謝罪を繰り返したのです。この宮澤首相の軽率で卑屈な態度によって東亜日報の記事が韓国内で「事実」となり、「慰安婦問題」が大ブレイクすることになってしまいました。

元慰安婦を口説き回った反日日本人弁護士

朝日新聞の情報操作ばかりでなく、日本人弁護士の策動も大きな影響を及ぼしました。河野官房長官時代の副官房長を務めた石原信雄氏は自民党の「日本の前途と歴史教育を考える会」（平成九年四月九日）で次のように語っています。

「大変残念なことですが、ある弁護士さんが現地に行って説いて回って、こういう問題を提起しなさい、こう主張しなさいと、いわば掘り起こしを大変熱心にやり、初めはどうしようかと思った人も名乗りを挙げるようになりました。彼がこの問題を現地で掘り起こして大きくし、これに呼応する形で日本の国会で質問を行うという連係プレーがあり、最初はあまり問題にしたくない雰囲気だった韓国政府もそういわれちゃほっておけない、という状況があった」（注1）

結局、日本のマスコミが火をつけ、反日日本人弁護士が韓国へ渡って嫌がる元慰安婦を口説いて「告白」させ、問題を後戻りできないまでに大きくしたのです。元慰安婦（日本軍相手の売春婦）として全国民から侮蔑的な目で見られることになる彼女たちの立場や気持ちなど、反日イデオロギーに凝り固まったこの弁護士は全く意に介さなかったのでしょう。政治的に利用された女性たちが、かわいそうでなりません。

慰安婦強制連行は吉田清治の捏造だった

『済州新聞』の許栄善（ホヨンソン）記者は、朝日新聞の報道に疑問をもち、「慰安婦狩り」が行われたという済州島で調査を行いました。彼女はつぶさに当時の関係者に当たってルポを行いましたが「慰安婦強制連行」を目撃した者はおろか噂を聞いたものすら一人もおらず、「でたらめだ。そんなことを許すはずがない」と一蹴されたそうです。彼女は、これらの調査結果を一九八九年八月一四日付『済州新聞』で発表しています（注2）。

その後、日本大学教授の秦郁彦（はたいくひこ）氏も独自調査で吉田氏の嘘を暴いており、吉田氏自身も「本を売るために嘘を書いた」ことを認めたといいます。長年に亘って吉田氏を英雄扱いしてきた朝日新聞も、平成二六（二〇一四）年八月五日付朝刊で吉田氏の証言が「虚言」であったことを認め、記事を取り消して読者に謝罪しました。

河野談話で「性奴隷国家」となった日本

しかし、朝日新聞の謝罪はあまりにも遅すぎました。既に平成五（一九九三）年に当時の河野官房長官がいわゆる「河野談話」を発表し、記者会見で、彼は何の証拠もないまま「強制性」を認めてしまいました。これを世界の国々は「日本は慰安婦強制連行を認めた」と受け止めたのです。韓国への過剰な配慮が完全に仇（あだ）となりました。

勢いづいた韓国は、反日日本人弁護士たちとタッグを組んで、国連の場で日本糾弾を開始しました。彼らのロビー活動は着々と成果を上げ、前にも触れましたように、一九九六年には国連の人権委員会から「女性に対する暴力に関する特別報告者」に任命されたクマラスワミが、慰安婦を「性奴隷」と規定し、責任者の処罰と被害者への補償や、再発防止のための教育を日本に求める「クマラスワミ報告書」を同委員会に提出しました。こうして日本は「性奴隷国家」として世界から非難される立場に追い込まれ、アメリカやカナダをはじめ多くの国々の議会が、続々と日本に謝罪と補償を求める決議を採択しました。河野談話は「終わり」ではなく日本糾弾の「始まり」だったのです。

なお、反日日本人弁護士のひとりは「自分が『性奴隷』という言葉を使ったから慰安婦問題を国連が取り上げてくれた」と自慢しています。日本人でありながら日本を貶めることが楽しくてしかたがないのでしょう。著者には到底理解できない精神構造です。

日本への悪意に満ちた「クマラスワミ報告書」

クマラスワミはスリランカ出身の女性で、彼女は前述のごとく、「特別報告者」として慰安婦に関する独自調査を行った結果を、一九九六年一月に国連人権委員会に報告しています。

しかし「クマラスワミ報告書」の内容は、韓国や北朝鮮の「言い分」をそのまま取り上げ、吉田清治の証言にまで言及した荒唐無稽なもので、無責任かつ予断と誇張に満ちており、日本に対する偏見と悪意をもって書かれた「虚偽レポート」と言っても過言ではありません。

その中には、北朝鮮に派遣した彼女の代理人が、チョン・オクスンという当時七四歳の女性から聞いた話として次のような記述もあります。

日本の中隊長ヤマモトはこの少女を剣で打つように命じました。私たちが見ていると、彼らは少女の衣類をはぎとり、手足を縛り、釘の出た板のうえを、釘が血と肉片で覆われるまで転がしました。最後に、彼らは彼女の首を切りました。別の日本人ヤマモトは、「お前たちみんなを殺すのは簡単だ。犬を殺すよりもっと簡単だ」と語りました。彼はまた「こいつら朝鮮人少女は食べ物がないといって泣いているから、この人肉を煮て食べさせてやれ」とも言いました。

証言者は北朝鮮政府の指示通りに喋ったのだと思われますが、明らかにやり過ぎであり日本の左翼人士もさすがにこれを引用することはありません。

また、同報告書は英語の文献として唯一、オーストラリアのジャーナリスト、ジョージ・ヒックスの『性の奴隷 従軍慰安婦』を参考にしていますが、「論破プロジェクト」代表の藤井実彦（みつひこ）氏は、同書が金一勉（キムイルミョン）という人物が書いた『天皇の軍隊と従軍慰安婦』に基づいていることを突き止めました。さらに驚くべきことに、金一勉氏の著書は『週刊大衆』や『週刊実話』などに掲載された官能小説や漫画、猟奇小説に依拠していたのです（注3）。

当然ながら日本政府はこの報告書の内容を精査し、論理的かつ法理的に完璧に否定した反論文「女性に対する暴力に関する特別報告書（クマラスワミ女史）提出にかかる報告書付属文書1に対する日本政府の見解」を直後に国連人権委員会に提出しています。ところが、不可解にもその後日本外務省は、これを撤回してしまいました。そのため、「クマラスワミ報告書」の内容は「事実」と見なされたまま今日に至っており、映画『軍艦島』でも「針山虐殺」が堂々と登場しているのです。日本外務省の大失態という以外にありません。

「河野談話」は「河野談合」だった

平成二五（二〇一三）年一〇月一六日付産経新聞は、河野談話の唯一の根拠であった一六人の元慰安婦の聞き取り調査が全く杜撰であったことを明らかにしました。一六名の半数は生年月日がいい加減で、出身地も一二人が不明でした。また軍慰安所のない場所で働いていたことを六名が「証言」していたそうです。

さらに平成二六（二〇一四）年一月一日付の一面トップで産経新聞は「河野談話」が韓国と

の合作であったことをすっぱ抜きました。これをもとに同年二月二〇日の衆議院予算委員会で、山田宏議員が河野談話の真実を明らかにするよう政府に迫り、日本政府はようやく重い腰を上げて、河野談話の検証に踏み切りました。政府有識者による検討チームが結成され、検討結果が同年六月二〇日に発表されています。要旨は次の通りです。

一、聞き取り調査結果に対する裏づけ調査は実施していない。
二、韓国側は「韓国民に受け入れられる内容でなければならない」と注文をつけてきた。
三、韓国側は、日本側が一部修正に応じなければ積極的に評価できないと通告。さらに「日本に金銭的補償は求めない方針である」と何度も伝達している。
四、日本側は、調査を通して「強制連行は確認できない」と認識していた。韓国側から慰安婦募集の強制性の明記を求められ「総じて本人たちの意思に反して」で調整した。
五、文案は金泳三大統領にまで上げられ最終了解を取ったものである。

要するに、やりもしない「強制連行」を押しつけられ、その反省文を要求され、さらに書き方まで指導されていたわけです。韓国に配慮して日本側は「強制連行」の唯一の根拠とされている元慰安婦聞き取り調査の裏を取らず、韓国は「強制を認めれば金銭的補償は求めない」と交渉過程で明言していることも分かりました。

このように、真実とは無縁のところで作られた「作文」で、両国は手打ちにしていたのです。河野洋平自身も「何も足すことも引くこともない」と結果報告書の内容を認めています。この生々しいやり取りが明らかになったことで、「河野談話」は「河野談合」に堕ち、その正当性を喪失しました。

強制連行を示す証拠は何もない

慰安婦問題のポイントは「日本軍による強制連行」の有無であり、日本政府としても慰安婦の実態調査を徹底的に行っています。平成三（一九九一）年一一月から平成五（一九九三）年八月にかけて、各省庁、国立国会図書館、米国国立公文書館などに保管されたあらゆる関連資料を収集すると共に、元慰安婦、元軍人、元朝鮮総督府関係者、元慰安所経営者、慰安所付近の居住者、歴史研究者等から幅広く聞き取り調査を実施しました。

日本政府はそこで収集した膨大な資料や証言を精査しましたが、強制連行はおろか、軍や官憲が組織的に慰安婦を虐待したという証拠は何一つ見つかっていません。この調査結果を踏まえ、日本政府は平成一九（二〇〇七）年三月一六日に国会質問への回答として「調査結果の発表までに政府が発見した資料の中には、軍や官憲によるいわゆる強制連行を直接示すような記述も見当たらなかったところである」との答弁書を正式に閣議決定しています。その後見つかった資料の中にも、この政府見解を覆す内容は発見されていません。

なお、当時の慰安婦制度は国際法上も全く問題がなく、敗戦時に日本軍が「証拠隠滅」のために慰安婦を殺すことなどありえません。むしろ、帰国後のことも考えて「従軍看護婦」の資格を与えて帰したという話も伝わっています。

「連行」したのは朝鮮人女衒

東亞日報
朝刊
社説

昭和14年3月29日付東亜日報

戦前や戦中の朝鮮半島では「人肉商」や「誘拐便衣隊」と呼ばれる朝鮮人悪徳業者が跋扈（ばっこ）し、娘たちを満州や上海、朝鮮内の「人肉市場」に売り飛ばしていました。昭和一四（一九三九）年三月二九日付東亜日報には、「朝鮮社会そのものが誘拐魔の犯罪を誘発する温床となっており、我々社会の文化水準を疑わしめる」と、自分たちの社会水準の低さを嘆く社説が掲載されています。

「強制的に慰安婦にされた」と証言している元慰安婦のおばあさんたちが絵に描いた「連行される姿」(その中の一つが「記憶の場」にも刻まれている)は、自分たちがこのような悪徳業者にさらわれた時の記憶なのでしょう。

日本人官憲は朝鮮人の警官と共に、懸命にそのような女性たちを救っていました。日本統治時代、朝鮮人も日本人も同じ「日本国民」であり、朝鮮人も日本の法律によって保護されていましたから当然です。それが韓国では一八〇度ねじ曲げられ、「日本の官憲が拉致した」とされているのです。

朝鮮人を含む慰安婦の総数は五〇〇〇人前後

ノンフィクション作家の長尾秀美氏は、平成三〇(二〇一八)年四月に『慰安所数と慰安婦数に関する事実の提示』というタイトルのレポートを発表し、大東亜戦争時の中国や東南アジアにおける慰安所の数は五〇〇軒弱、朝鮮人を含む慰安婦の総数は五〇〇〇人強と推定しています。

この数字は、長尾氏が主として次の資料を精査した結果、明らかにしたもので、算出根拠が明確に示されています。

◎『日本軍「慰安婦」関係資料集成（上）（下）』鈴木裕子、山下英愛、外村大編（明石書店）

◎『政府調査「従軍慰安婦」関係資料集成①～⑤』女性のためのアジア平和国民基金編（龍渓書舎）

◎『証言　未来への記憶　アジア「慰安婦」証言集Ⅰ、Ⅱ──南・北・在日コリア編』アクティブ・ミュージアム「女たちの戦争と平和資料館」編　西野留美子・金富子責任編集（明石書店）

◎『証言　強制連行された朝鮮人軍慰安婦たち』（明石書店）

◎『佐久間哲　ニッポンレポート』従軍慰安婦を調べる編　従軍慰安婦の体験談等メモ・1～7及び9～12（http://tetsu.cool.coocan.jp/）

なお、このレポートによれば、第一五師団が一九四三年一月に南京で特殊慰安婦の検診を行っており、検査延べ人数は日本人一〇〇七人、朝鮮人一一三人、中国人五一三人となっています。各慰安所における朝鮮人慰安婦の比率にばらつきがあるとしても、中国や東南アジアに朝鮮人女性二〇万人が強制連行されたとすれば、慰安婦総数は少なくとも五〇万人を超えることになります。「慰安婦は一日に一〇人以上相手をさせられた」という韓国の主張が正しければ、当時海外に展開していた日本軍兵士が、一日二回以上慰安所に通ったことになります。忙しくてとても戦争などやっている余裕はありません。

慰安婦は性奴隷ではなかった

韓国で三番目に「元慰安婦だった」と名乗り出た、文玉珠（ムンオクチュ）という人物の自叙伝『ビルマ戦線楯師団の「慰安婦」だった私』（梨の木舎）が、日本で発刊されています。彼女は、日本の郵便局に慰安婦時代の貯金（元金二六、百四五円）の払い戻し請求を行ったことから、日本でもその名が知られるようになりました。

彼女はこの本の中で、ビルマ（現在のミャンマー）での慰安婦時代の思い出を次のように語っています。

お金を五百円預けた。わたしの名前の貯金通帳ができあがってくると、ちゃんと五百円と書いてあった。生まれて初めての貯金だった。大邱で小さい時から子守や物売りをして、どんなに働いても貧しい暮らしから抜け出すことができなかったわたしに、こんな大金が貯金できるなんて信じられないことだ。千円あれば大邱に小さな家が一軒買える。母に少しは楽をさせてあげられる。晴れがましくて、本当にうれしかった。貯金通帳はわたしの宝物となった。

ラングーンの市場で買い物をしたことは忘れられない。宝石店もあった。ビルマは宝石がたくさん出るところなので、ルビーや翡翠が安かった。友達の中には宝石をたくさん集めている人もいた。わたしも一つくらい持っていたほうがいいかと思い、思い切ってダイヤモンドを買った。（中略）日本の活動（映画）や内地から来た歌舞伎を観にいったこともあった。歌舞伎は衣装をたくさんつけて、男が女の役をしているのが珍しかった。

アユタヤの病院にいた時は母に送金もした。（中略）貯金から下ろして5000円送金した。

帰国の許可がおりたなら、帰らなければならない。それは命令なのだった。帰りたくないのなら逃げるしか方法はなかったのだ。

彼女はダイヤモンドを買い、韓国に五〇〇〇円送金しています。故郷に家が五軒も建つ金額です。また、一端帰国許可が出ながら、帰国途中でラングーンに逃げ帰って仕事を続けています。これが元慰安婦の実態でした。もちろん、つらいこともたくさんあったでしょう。しかし、彼女たちが決して日本軍の「性奴隷」などではなかったことは、この証言からも明らかです。

現在進行中の女性の人権侵害こそ糾弾すべし

それでも「慰安婦問題」で日本を批判する人々は、「日本軍慰安婦の存在自体が女性の人権侵害だ」と主張するかもしれません。しかしそれなら、「慰安婦」を利用したのは日本軍だけでなく、ほとんどの国の軍隊が「必要悪」としてそれを利用していた（利用している）事実を彼らは直視すべきでしょう。

韓国では、朝鮮戦争時に米軍慰安婦が多数存在しました。休戦後も米軍慰安婦は公的に管理されており、一九六一年一月三一日付東亜日報には、韓国警察が

慰安婦教養講習
伊淡支署主催로

1961年1月31日　東亜日報

さる27日午前11時ここ東光劇場にては伊淡支署主催にて八百余名の慰安婦に対する教養講習会が開かれた。当地駐屯アメリカ第七師団憲兵司令部司令官及び同民事処等米韓関係者多数が参席した同講習会では慰安婦に対する徹底した性病管理が強調され、同講習会が終了後には、慰安婦によって構成された歌と踊りの余興が異彩を放った。

八〇〇人の米軍慰安婦を集めて「慰安婦教養講習会」を主催し、米軍第七師団憲兵司令官も参席したと報道されています。

韓国軍自身も、朝鮮戦争時に「特殊慰安隊」と称する「慰安婦」を利用しており、彼女たちは軍隊内で「第五種補給品」と呼ばれていました(注4)。さらに韓国軍は、ベトナム戦争でも多くの慰安婦を使っています。

かつてのソ連軍は、「共産主義」の建前から慰安婦を否定したために、占領地の女性を大量に強姦しています。終戦時に、大陸や樺太(サハリン)で犠牲になった日本女性は数知れません。ドイツでは、二〇〇万人以上の女性がソ連軍に暴行を受けたといわれています。

血気盛んな若い兵士が性的欲望を爆発させないために、そして性病の蔓延を避けるために、どこの国の軍隊でもそれなりの対策が不可欠なのです。

日本軍の場合、慰安所を合法的に管理し、そこで働く慰安婦の人権を尊重しつつ、健康管理面でもこまやかな配慮をしました。このような「関与」はなされて当然であり、日本軍慰安所は当時のいかなる国内法や国際法にも違反していないことは、「クマラスワミ報告書」に対する日本政府の反論文でも明らかです(二〇七ページ参照)。

歴史を振り返れば、どこの国でも生活のために女性たちが身を売った時代がありました。江戸時代の吉原にも金で買われた多くの娼婦がいました。そのような状況を人々のたゆまぬ努力によって改善しつつ、ここまで人類社会は成熟してきたのです。

ならば「日本軍慰安婦」という、売春が合法だった時代の歴史の一コマのみを切り取り、そこに現代の価値観を当てはめて「人権侵害」だと騒ぎたてることに何の意味があるのでしょう。

今なお、世界では女性の人身売買が行われており、マフィア組織に売春を強制されている女性も多いはずです。過激武装集団に誘拐されて強姦され、自殺テロまで強いられている女性もいます。「女性の人権侵害」を問題にするのなら、今現在人権を踏みにじられている多くの女性たちを救済することこそ、国連や各国政府、そして人権団体が積極的に取り組むべき課題ではないでしょうか。

（注1）『慰安婦強制連行はなかった』大師堂経慰著（展転社）
（注2）『慰安婦と戦場の性』秦郁彦著（新潮選書）
（注3）『SAPIO』平成二九年一〇月号「国家戦略として歴史を捏造する韓国とどう付き合うべきか」櫻井よしこより
（注4）『軍隊と性暴力―朝鮮半島の20世紀』宋連玉、金栄編著（現代資料出版）

第十八章　補償問題は解決済

「日韓請求権並びに経済協力協定」で最終決着

日韓間の戦後処理は、昭和四〇（一九六五）年に両国間で締結した「日韓基本条約」及びこれに付随する諸協定で全て決着がついています。先にも述べました通り、補償問題については「個人補償は韓国政府の責任において対応する」という韓国側の意向に沿って「日韓請求権並びに経済協力協定」を締結しており、その第二条では次のように確認しています。

両締約国は、両締約国及びその国民（法人を含む）の財産、権利及び利益並びに両締約国及びその国民の間の請求権に関する問題が、千九百五十一年九月八日にサン・フランシスコ市で署名された日本国との平和条約第四条（a）に規定されたものを含めて、完全かつ最終的に解決されたこととなることを確認する。（傍線は筆者）

それだけではありません。後日協定の解釈について齟齬が発生しないように公表された「協定についての合意された議事録」には次のように明記されています（注1）。

完全かつ最終的に解決されたこととなる両国及びその国民の財産、権利及び利益並びに両国及びその国民の間の請求権に関する問題には、日韓会談において韓国側から提出された「対日請求要綱」（いわゆる八項目）の範囲に属する全ての請求が含まれており、従って同対日請求要綱に関しては、いかなる主張もなしえないこととなることが確認された。

右の「いわゆる八項目」とは李承晩が日本に求めた補償金や請求権のリストであり、その五番目に「被徴用韓人の未収金」「戦争による被徴用者の被害に対する補償」「韓国人の対日本人又は法人請求」が列記されています。請求権問題が最終決着したことを政府間でここまで明確に確認しているのです。

にもかかわらず、前述の通り、韓国の最高裁判所は世論に配慮して「個人の請求権は有効だ」との判断を下し、それを受けた下級裁判所は、次々に日本企業に対して賠償命令を出しています。「情治国家」の面目躍如といったところでしょう。

しかしながら、感情にまかせて平気で国際条約を破る国は、近代法治国家ではありません。このような乱暴なことを続ければ、やがて韓国は世界中の信用を失うことになってしまいます。

韓国が愚かな行為に出ないよう、日本政府は「戦後補償問題は正式な政府間協定で解決済であり、一ミリも妥協しない」「万一日本企業に不利な判決が出れば国際司法裁判所に提訴する」という断固たる姿勢を韓国側に示しておく必要があります。

一方、係争中の日本企業が一社でも和解し、賠償金支払いに応じれば「補償問題は解決済」という日本の立場が根底から覆ります。日本企業が独自に和解に走らないように、政府は各企業と十分連携し、万一資産凍結などの損害が出ても、国庫から補償するという方針を明確にしておくべきでしょう。

協定で放棄した日本資産一六兆円

連合国軍総司令部民間財産管理局の調査結果によれば、終戦時の朝鮮半島における日本の民間資産の総額は、現在の価値で一六兆円に上っており、しかもこのうち、個人資産は四兆九〇〇〇億円に上ることが明らかになっています。

終戦まで朝鮮は日本の一部であって交戦相手国ではありません。従ってそこに存在した日本人の民間資産は戦後も国際法上日本人のものでした。

戦後の日韓交渉過程でも、日本側は私的財産について日本人の所有権を主張しました。当然のことなのです。ところが李承晩はこれに怒り狂って悪名高き「李承晩ライン」を設定し、公海上で操業していた日本の漁民を次々に釜山に連行して虐待しました。韓国側は日韓交渉において、日本の漁民を人質にとって「日本人資産の放棄」を迫ったのです。

李承晩から朴正熙に政権が変わっても、それは同じでした。

朝鮮半島に残した個人財産

4兆9000億円

終戦時、日本が朝鮮半島に残してきた個人財産の総額は当時の価格で257億円に達し、現在の価格に換算すると4兆9000億円に上ることを示す文書が、昭和史研究所（代表・中村粲獨協大学教授）の調査で見つかった。日本の朝鮮統治や終戦時の朝鮮半島情勢について、貴重な資料となりそうだ。（石川水穂）

昭和史研究所が資料発見

日本人が朝鮮半島に残してきた個人財産を記録した文書

貯金、株式

引き揚げ者 巨額損失裏付け

平成15年2月24日付産経新聞朝刊

漁民を救わなければならない日本側は、涙をのんで「資産放棄」に同意し、その上で無償援助として三億ドルも支払いました。なお、前に述べた通り、日本人の民間資産は、朝鮮半島の南側だけでも現在の価値で八兆円ありました。

もし韓国側が「日韓請求権並びに経済協力協定」を無視して日本側に新たな要求を突きつけるのであれば、この協定はご破算となりますので、日本側は無償三億ドル分を現在の価値に直した額で、利子をつけて返すよう韓国に要求し、

コラム④李承晩ライン

一九五二年一月十八日、李承晩大統領は突如「海洋主権」を宣言し、公海上にいわゆる「李承晩ライン」を引いて漁業資源を独占し、同時に竹島を取り込みました。「李承晩ライン」は当時のどのような国際法をもってしても正当化できるものではありませんでしたが、憲法第九条第二に縛られた日本側は、手も足もでませんでした。

捕まった船員は残虐な拷問を受け、食事は人間の食べるものではなく、餓死者も出ています。留守家族は心労と生活苦が重なり、耐えかねて発狂し自殺する妻もいました。日本の漁民やその家族は一四年に渡って塗炭の苦しみを味わったのです。

この間、実に日本漁船三二八隻が捕えられ、抑留された漁民は三九二九人に上りました。銃撃などによる犠牲者は死者二九人、拷問などによる障害者八四名に達しています。物的損害の総額は当時の金額で九十億円という膨大なものでした。しかし韓国は今日に至るまで一言の謝罪も補償もしていないのです。

さらに朝鮮半島に残した一六兆円のうち、少なくとも南側分の八兆円についてはきっちりと請求すべきでしょう。

北朝鮮の分もまとめて韓国に支払済

日韓基本条約では、その第三条で「大韓民国政府は、国際連合総会決議第百九十五号(Ⅲ)に明らかに示されている通りの朝鮮にある唯一の合法的な政府であることが確認される」とあります。さらに韓国の憲法第三条には、「大韓民国の領土は、韓半島及びその附属島嶼とする」との規定があります。

ならば、韓国と締結した「日韓請求権並びに経済協力協定」は朝鮮半島全域を対象としたものであり、仮に日本が北朝鮮と国交を回復した場合でも、北朝鮮に対する「賠償義務」は日本側には残っていません。北朝鮮の面倒はあくまで韓国が見るべきです。もしそれを拒否するのなら、韓国は北朝鮮の分を横取りしたことになってしまいます。

一方、北朝鮮が「日韓基本条約」や「日韓請求権並びに経済協力協定」が南だけを対象としたものだと主張すれば、北朝鮮側に残された日本の民間資産(現在の価値で八兆円)について、日本側の請求権が残っていることになります。

北朝鮮の工業が戦後発展したのは、鴨緑江に建設された水豊ダムや興南の化学コンビナートなど、日本が残した莫大な民間資産の賜物でした。その上さらに日本側に金を求めるのであれば、八兆円分をまず日本に返してもらい、一から話し合うのが筋でしょう。

さらに、戦後一九七〇年代の前半に日本の商社やメーカーが、北朝鮮へ機械やプラントを輸出していますが、北朝鮮が昭和五八（一九八三）年に起こしたラングーン（現ヤンゴン）爆破テロ事件で国際社会から孤立したことを逆手にとって、代金支払を拒否しました。日本への未払い金額は元本だけで四〇〇億円、利子や延滞分を合わせると計二二〇〇億円に上ると試算されています。日本側は毎年六月と一二月に請求書を送り続けていますが、北朝鮮からは全くなしのつぶてだそうです（注2）。北朝鮮に何らかの経済支援をするにしても、当然そこから借金返済分を差し引く必要があります。

そして一番大事な問題が残っています。拉致問題です。拉致被害者を即刻全員返還し、心からの謝罪を得るまでは、一銭も出すべきではありません。

そのような原理原則を明確にし、日本の正当な立場を、韓国にも北朝鮮にもしっかり伝えておかなければなりません。

日韓の対立は共倒れを招く

そもそも日本の朝鮮統治は、当時の国際法や国内法に則った正当な行為でした。しかも統治期間の収支は、大幅に日本側の持ち出しだったのです。韓国や北朝鮮と日本が戦争したわけでもありません。日本が韓国や北朝鮮に「賠償」する必要性など、最初からなかったのです。

しかし、どこまでもお人よしの日本は、「賠償」ではなく「経済支援」と称して戦後も韓国の面倒を見続けました。「日本が援助して韓国が豊かな国になれば反日も収まるだろう」という甘い期待感もあり、韓国が経済危機を迎える度に日本はこれを助けました。

ところが韓国の公式見解は、李承晩が歴史をねじ曲げて以来一貫して「日本統治は日本による違法な占領に過ぎない」というものであり、いくら援助をしても「日本が朝鮮半島に対して犯した罪から比べれば微々たるものだ」として感謝されることはありません。むしろ、強烈な反日教育の下で韓国の反日感情は自家中毒し、日本への警戒心と復讐心が宗教的レベルにまで高まっているのが実態です。そしてこれを感じ取った日本側には「韓国にはもはや何をやっても無駄だ」とさじを投げる「新脱亜論」的な雰囲気が高まってきました。

果たして両国はこれで良いのでしょうか。

今や韓国は「日本憎し」で完全に敵を誤り、北朝鮮や中国にどんどんのめり込んでいます。

その先に、北朝鮮による「赤化統一」が待ち構えていることが見えていないようです。

徴用工裁判をめぐって日韓対立が決定的になれば、朝鮮半島有事の際に在日米軍基地の使用を日本政府は拒否するでしょう。「なんで韓国の戦争に日本が巻き込まれなければならないのだ」という国民の反発を抑えることができないからです。日本から米軍が出撃できなければ、北朝鮮の侵攻を止めることは不可能であり、韓国は赤化します。

たとえ戦争にならなくても、日韓の対立が極限に達すれば、北朝鮮に煽られて民族主義に火がつき、「今こそ南北が一緒になって日本に対抗しよう」という機運が盛り上がって、一挙に北朝鮮主導で赤化統一が実現してしまう可能性があります。いかに韓国が北朝鮮に対して経済的に優位であっても、政治工作次第では北朝鮮に呑み込まれてしまう恐れは十分あるのです。

現在進行中の南北交渉も北朝鮮ペースで進んでおり、韓国で金正恩の人気が急速に高まっているのも不気味です。最悪、核を持った反日共産国家が朝鮮半島に出現するかもしれません。

韓国が赤化統一すれば「三八度線」が対馬海峡まで南下し、日本は反日朝鮮や中国の脅威にまともに晒(さら)されます。アメリカの軍事力が漸減しつつある中で、交戦権を放棄した「日本国憲法」を押し戴き、自国を守る気概すらない日本人は、やがて反日朝鮮や中国の言いなりになるしかなくなるでしょう。韓国が赤化することで、日本も主権を失うことになります。日韓の対立は中国や北朝鮮の思うつぼであり、共倒れになるだけなのです。

共に戦った記憶を取り戻そう

韓国には現実の敵がどこであるか、一刻も早く気づいてもらわねばなりません。そのためには、日韓両国民が本当の歴史に立ちかえることが何より必要です。そして、両民族が共に戦った大東亜戦争の真実の姿を共有できるなら、両国間のわだかまりは一挙に氷解するはずです。

大東亜戦争が始まる前は、アジアのほとんどが白人の植民地支配下にありました。出遅れたアメリカは満州進出を狙い、その障害となる日本を徹底的に追い詰めました。さらに欧州で第二次大戦が始まると、ルーズベルトは日本を開戦に追い込むために経済封鎖し、日本が到底受け入れられない内容の「ハルノート」を突きつけたのです。

ここで日本は、ついに立ち上がりました。日本が亡国を免れる道は、東南アジアに打って出て白人支配を打破し、諸民族を独立させて共存共栄を図る以外にありませんでした。

大東亜戦争の戦争目的は「アジア民族の自存自衛」にあり、これは昭和一八（一九四三）年にアジア各国首脳が東京に集まって開かれた大東亜会議で、世界に宣言されています。

朝鮮の人々も大東亜戦争を熱狂的に支持し、多くの若者が日本軍に志願してアジア解放のために日本人と共に戦いました。昭和一七（一九四二）年の朝鮮半島での志願者倍率は、何と六二倍に達しています。

兵士だけではありません。この「聖戦」を支えるために、朝鮮半島の多くの男性が「応徴士（徴用に応じた人）」として鉱山や工場で懸命に働き、女性も「内地の女性に負けない」という気概を持って「女子挺身隊」に志願し、工場で汗を流しました。

戦闘には敗れたものの、結果的にアジアは白人から解放され、人種平等の世界が実現しました。日本人と朝鮮の人々は大東亜戦争を戦うことによって、人類の進歩に多大な貢献をしたことになります。これこそが歴史の真実です。韓国の人々は、「強制連行された被虐待民族」として自らを貶めてはいけません。アジアを解放した偉大な祖先の血を受け継いでいることに、自信と誇りを持つべきなのです。

日本人も戦後に植えつけられた自虐史観から目覚め、これまで必要のない謝罪を繰り返して、韓国の人々を惑わしてきたことを深く反省しなければなりません。

日本人と韓国人が本当の歴史を誇りを持って共有し、白人支配と戦った自分たちの父祖に心から感謝の気持ちを持てるなら、徴用工問題も「昔の苦労話」としてお互いに語り合うことができるはずです。韓国の人々の心に刻み込まれた日本人への復讐心も消え去り、日韓両国民が手を取り合ってアジアをリードする日が来るのも、きっと夢ではなくなるでしょう。

（注1）『Hanada』平成二九年一〇月号「韓国の大作映画『軍艦島』徴用工の嘘」西岡力より

（注2）平成三〇年五月二六日付産経新聞「海峡を越えて『朝のくに』ものがたり」より

コラム⑤動員されて日本に残ったのは二四五人のみだった

終戦時日本にいた朝鮮人の総数は約二〇〇万人と推定されており、大部分が昭和二一年末までに、日本政府や企業が用意した帰還船で帰国しました。戦時動員され終戦時動員先の職場にいた約三十万人については優先的に帰国できる処置がなされ、そのほとんどがこの時に帰国しています。昭和三四年七月一三日の朝日新聞は、当時登録されている在日韓国・朝鮮人の人数は六一万人であり、そのうち戦時動員で残っていたものはわずかに二四五人であるとの外務省発表を報道しています。しかも「現在日本に居住しているものは犯罪者を除き自由意志で在留したものである」と外務省は明言しています。

在日韓国・朝鮮人は無理やり強制連行されてきた人たちとその子孫だから「外国人参政権を与えるべきだ」との意見がありますが、これは明らかに間違いなのです。

軍艦島

おわりに

自分の体に流れる血は祖先から受け継いだものです。その血がどのようなものかによって、子孫は大きな自信を持つこともあり、逆に委縮した人生を送ることもあるでしょう。

大東亜戦争で日本に軍事的に勝利したアメリカは、二度と再び日本が立ち上がれないよう、日本の伝統的精神の破壊を目論みました。そのために日本の歴史を書き換えて「お前たちの父祖は他国を侵略し、膨大な被害を与えた」と学校で教えさせ、子供たちから日本人としての自信と誇りを奪い去ったのです。その結果、今や大多数の日本国民は祖国に対する誇りも愛情も持てず、まして自分で国を守るという意識など皆無となってしまいました。

さらに時間の経過と共に、日本人の自虐意識は「自家中毒」し、リベラルを名乗る勢力は「日本さえ戦争を起こさなければ、アジアの平和は保てる」と信じて、国防努力を全面否定し、自衛隊を憲法に明記することさえ反対しています。彼らが「原発即時破棄」など非現実的主張を繰り返して、ひたすら日本の国力を削ぐ方向に走るのは、「世界はグローバル化しており、日本のような侵略国はむしろ解体してしまったほうがよい」という、潜在的「亡国願望」があるからに違いありません。アメリカが「日本弱体化」のために行った「歴史の書き換え」は、その期待をはるかに上回る「成果」を上げたのです。

現実の国際情勢を見れば、中国の軍事的膨張が世界を脅かしており、経済面では「自国優先主義」が台頭しています。国どうしが力づくで国益を奪い合う「弱肉強食の世界」に戻りつつあるといっても過言ではなく、日本一国が平和ボケしているわけにはいきません。しっかり現実を見据え、国を守る努力をしなければ、日本民族は主権を失って他国の奴隷にされてしまいます。

引きこもりや人生を簡単に投げてしまう若者が増えたのも、歴史を歪められた結果ではないでしょうか。「お前は殺人者の子孫だ。繰り返さないよう気をつけろ」と自虐的教科書で教えられた子供が、自分に自信を持って前向きに生きていけるはずがないでしょう。社会の荒波に耐えきれず、家に引きこもり、あるいは刹那的享楽に溺れ、退廃へと流されて行く多くの子供たちの姿を、私たちは目の当たりにしています。

しかし彼らも、自分たち日本人の祖先が有色人種の中で唯一近代化を成し遂げ、白人による世界征服を瀬戸際で阻止し、地球上に今日の人種平等の世界をもたらしたことを知るならば、きっと立ち直ってくれるに違いありません。

自分の体に流れる日本人の血に誇りを持ち、人生の壁に突き当たっても「なにくそ俺は日本男児だ」「大和撫子だ」という強い気持ちでそれを乗り越えて行けるでしょう。「自分の国は自分で守る」という気概も自然に生まれてくるはずです。

歴史に学ぶことの大切さがそこにあります。そして日本の歴史は、そのありのままを知るだけで、祖先への感謝の気持ちと、日本に生まれた喜びを持つことができるのです。

しかしながら、その誇るべき日本の歴史が、今再び韓国や中国によって奪われようとしています。それはかつてのアメリカによる歴史書き換えの比ではありません。日本民族を永久に貶め、屈従させるための謀略であり、さらに韓国はそこに「復讐」の意味さえ込めているのです。手をこまねいていれば、私たちの子孫は他国に支配され、屈辱の中で衰亡することになります。

韓国・中国による史実の歪曲・捏造に毅然と対応して、日本の歴史を守り抜き、日本人の名誉と誇りを取り戻すことこそ、今を生きる私たち世代の最大の責務ではないでしょうか。

参考・引用文献

◆書籍

『私の軍艦島記』加地英夫著（長崎文献社）
『証言　朝鮮人強制連行』金賛汀編著（新人物往来社）
『朝鮮人強制連行の記録』朴慶植著（未来社）
『軍艦島に耳を澄ませば』長崎在日朝鮮人の人権を守る会編（社会評論社）
『軍艦島　奇跡の産業遺産』黒沢永紀著（実業之日本社）
『軍艦島入門』黒沢永紀著（実業之日本社）
『軍艦島の遺産』後藤恵之輔・坂本道徳著（長崎新聞社）
『燃ゆる孤島』内田好之著（文芸社）
『記憶の「軍艦島」』綾井健（リーブル出版）
『軍艦島（上）』韓水仙著（作品社）
『軍艦島（下）』韓水仙著（作品社）
『軍艦島——恥ずかしい世界文化遺産』尹ムニョン著（ウリ教育）
『地獄の島　軍艦島』金ヨンスク著（プルビット社）

『〈写真記録〉筑豊・軍艦島 朝鮮人強制連行、その後』林えいだい著（弦書房）
『足で見た筑豊　朝鮮人炭坑労働の記録』金光烈著（明石書店）
『ゆすりたかりの国家』西岡力著（ワック）
『慰安婦と戦場の性』秦郁彦著（新潮選書）
『軍隊と性暴力――朝鮮半島の２０世紀』宋連玉、金栄編著（現代資料出版）
『軍艦島と連合艦隊』小里岳紫著（文芸社）
『長崎游学４』長崎文献社編集　軍艦島研究同好会監修（長崎文献社）
『新長崎市史第三巻近代編』長崎市史編纂委員会編
『歴史を偽造する韓国』中川八洋著（徳間書店）
『西大門刑務所歴史館　初等学校低学年用』（西大門刑務所歴史館発行）
『西大門刑務所歴史館　初等学校高学年用』（西大門刑務所歴史館発行）
『西大門刑務所歴史館　青少年用』（西大門刑務所歴史館発行）
『数字が語る在日韓国人・朝鮮人の歴史』森田芳夫著（明石書店）
『在日朝鮮人関係資料集成第五巻』朴慶植編（三一書房）
『植民地朝鮮の研究』杉本幹夫著（展転社）
『端島（軍艦島）』長崎市高島町編集・発行

◆記事および論文など

『炭坑誌』「長崎県石炭史年表」前川雅夫編
『評論』平成一二年九月号「朝鮮人『強制連行』説の虚構」西岡力
『Hanada』平成二九年一〇月号「韓国の大作映画『軍艦島』徴用工の嘘」西岡力
『Hanada』平成二九年一一月号「徴用工は不幸だったのか①　軍艦島」鄭大均
『Hanada』平成二九年一二月号「朝鮮人は不幸だったのか②　戦時動員」鄭大均
『明日への選択』平成十四年十一月号「朝鮮人『強制連行問題』とは何か」
『SAPIO』平成二九年一〇月号「国家戦略として歴史を捏造する韓国とどう付き合うべきか」櫻井よしこ
『SAPIO』平成二九年一〇月号「慰安婦像、徴用工像を作って世界に拡散させるキム夫妻を直撃」竹中明洋
『SAPIO』平成二九年一〇月号「映画『軍艦島』は史上最悪のフェイクシネマ」
『SAPIO』平成三〇年三・四月号「韓国人の嘘八百」
『読売新聞』平成二五年七月二八日付朝刊「韓国外交ゆがめる『情緒法』」
『産経新聞』平成二九年二月八日付「歴史戦」
『産経新聞』平成二九年二月一一日付「読者サービス室から」
『産経新聞』平成二九年四月一二日付「歴史戦」
『産経新聞』平成二九年六月七日付「歴史戦・反日ネットワーク」

『産経新聞』平成二九年一二月四日付「美しき勁き国へ」櫻井よしこ
『産経新聞』平成二九年一二月二四日付「歴史戦」
『夕刊フジ』平成二九年一月三〇日付「細谷清氏緊急寄稿」
『JAPANISM』vol.32「世界遺産『軍艦島』を反日プロパガンダの道具にするな！」小川茂樹
『正論』平成二九年九月号「世界遺産『軍艦島』を韓国映画の捏造から守ろう」杉田水脈
『正論』平成二九年一〇月号「韓国映画『軍艦島』の驚くべき反日ぶり」黒田勝弘
『正論』平成三〇年一月号「徴用工が韓国の近代製鉄所を作った」安部南牛
『歴史通』平成二九年四月号「韓国『日帝強制動員歴史館』の嘘八百」三輪宗弘
「『映画〝軍艦島〟はフェイクである』を示唆するこれだけの証拠」崔碩栄 web サイト
『端島（軍艦島）における聞き取り調査及び現地調査』後藤惠之輔・森俊雄・坂本道徳・小島隆行（長崎大学工学部研究報告第三五巻　平成一七年三月発行）
『長崎純心比較文化学会会報第五号』「『軍艦島』論のためのノート」長野秀樹

◆著者◆
松木　國俊（まつき　くにとし）

1950年熊本県八代市生まれ
1973年慶應義塾大学法学部政治学科卒業
同年豊田通商株式会社入社。1980年～1984年豊田通商ソウル事務所駐在。
秘書室次長、機械部次長を経て2000年豊田通商退社。
2004年松木商事株式会社設立、代表取締役。現在、朝鮮近現代史研究所所長。
日本会議調布支部副支部長、新しい歴史教科書をつくる会三多摩支部副支部長。

著書に『「従軍慰安婦」強制連行はなかった』（明成社）『ほんとうは、「日韓併合」が韓国を救った！』（ワック）『こうして捏造された韓国「千年の恨み」』（ワック）『韓国よ、「敵」を誤るな』（ワック）『本当は素晴らしかった韓国の歴史』（弊社刊）、監修に『今こそ韓国に謝ろう』百田尚樹著（飛鳥新社）がある。

カバー（表１）、扉写真：GU2212/PIXTA
帯（表１）写真：zak/PIXTA

軍艦島　韓国に傷つけられた世界遺産

平成 30 年 9 月 13 日　第 1 刷発行

著　者　松木　國俊
発行者　日高　裕明
発　行　株式会社ハート出版

〒 171-0014 東京都豊島区池袋 3-9-23
TEL.03(3590)6077　FAX.03(3590)6078
ハート出版ホームページ　http://www.810.co.jp

定価はカバーに表示してあります。

ISBN978-4-8024-0065-7　C0021
乱丁・落丁本はお取り替えいたします。ただし古書店で購入したものはお取り替えできません。

印刷・製本　中央精版印刷株式会社

■Amazonでジャンル１位獲得！■

韓国人よ、自国の正しい歴史を直視せよ！

日本統治時代、朝鮮の人々は「虐待された植民地の民」どころか、日本人と融和し力強く前向きに生きていました。今日の韓国の発展の礎を築いたのは正しく彼らなのです。

——「はじめに」より抜粋

不当にねじ曲げられた歴史——真実は逆である。
戦勝国アメリカと、李承晩の傀儡政権が、日本と韓国との「古き良き時代」を切り裂いた。
今こそ、韓国の「反日洗脳」を解き、白人による「分断統治」に《終止符》を打て。

!? 日本が忘れ 韓国が隠したがる
本当は素晴らしかった
韓国の歴史

松木國俊（まつき くにとし）

今、日本人がすべきなのは「謝罪」より「感謝」である。

韓国人よ、自国の正しい歴史を直視せよ！

ハート出版

韓国問題のエキスパートが語る
"深掘り"半島近現代史！

日本が忘れ韓国が隠したがる
本当は素晴らしかった韓国の歴史

松木 國俊 著

四六判並製　本体１５００円

ISBN 978-4-8024-0045-9